Andrea Erkert

Kostümfest & Konfettitanz

Sofort loslegen an Karneval, Fasching & Fastnacht mit Kiga-Kindern von 1–6

Illustrationen von Tatiana Demidova

Ökotopia Verlag, Münster

Impressum

Autorin	Andrea Erkert, Backnang
Lektorin	text.[Marke] Katja Müllenmeister, Hamburg
Covergestaltung	PERCEPTO mediengestaltung
Illustration	Tatiana Demidova, Berlin
Gestaltung	Hain-Team (www.hain-team.de)
ISBN	978-3-86702-330-6

1. Auflage
© 2016 Ökotopia Verlag, Münster

Bleiben Sie in Kontakt

www.oekotopia-verlag.de

Alle Lieder und Instrumentalstücke aus dem Buch finden Sie auf der Begleit-CD zum Buch:

Anke Drape:
Kostümfest & Konfettitanz
Neue Gute-Laune-Hits für die 5. Jahreszeit

ISBN 978-3-86702-331-3

Inhalt

Einleitung 4

Krippe + Kita
In 5 Minuten zum Kostüm und blitzschnell geschminkt
Blitz-Kostüm & fixe Schminke 6

Krippe
Närrische Sing-, Bastel- und Spielideen
Baby-Clown & Mini-Zwerg 19

Kita
Lustige Sing-, Verkleidungs- und Bewegungsspiele
Jecke Kids & 1A-Stimmung 31

Kita
Närrische Bewegungs- und Tobespiele in der Turnhalle
Sportliche Jecken & turnende Narren 47

Krippe + Kita
Kindergartenkinder präsentieren eine Mini-Aufführung für die Kleinen
Helau & Alaaf in der Kinderbütt 61

Kita
Jeckes Treiben für Eltern, Kinder und Geschwister
Narrenspaß & Mummenschanz 83

Kita
Mitmachideen zur Einstimmung auf die Fastenzeit
Am Aschermittwoch ist alles vorbei! 98

Anhang
Register 108
Die Autorin 110
Die Liedermacherin 110
Die Illustratorin 111

Einleitung

Verkleidungspartys für Fasching, Fasnacht, Karneval & Co.

Der Karneval, je nach Region u.a. auch Fasching, Fastnacht oder fünfte Jahreszeit genannt, stellt in vielen Kinderkrippen und Kitas ein unverzichtbares traditionelles Fest im Jahreskreis dar, für das sich bereits die Allerkleinsten überaus begeistern lassen.

Obwohl die närrische Zeit bereits am 11.11. um 11:11 Uhr anfängt, liegt die heiße Phase des Karnevals in der Zeit vom „unsinnigen" oder „schmutzigen" Donnerstag über Rosenmontag bis Fastnachtsdienstag. In diesem Zeitraum wird natürlich auch in vielen Einrichtungen besonders gerne und ausgiebig die fünfte Jahreszeit gefeiert.

Dabei haben Kinder sehr viel Freude daran, kostümiert und geschminkt in eine andere Rolle zu schlüpfen und verkehrte Welt zu spielen. Zudem wird besonders viel Musik, Krach und Unsinn gemacht, um sich mal so richtig auszuleben und den Winter zu vertreiben.

Damit jedoch alle in der Einrichtung auf eine schöne närrische Zeit zurückblicken können, bedarf es einer rechtzeitigen Planung, Vorbereitung und Organisation. Das schont die Nerven und spart Zeit.

Das vorliegende Praxisbuch stellt verschiedene Möglichkeiten vor, um mit Kindern **im Alter von 1 bis 6 Jahren die närrische Zeit** zu feiern oder auch außerhalb der fünften Jahreszeit eine **Verkleidungsparty,** z.B. auch unter einem bestimmten Motto, zu veranstalten.

Hierfür bieten sich viele Spiele und Lieder aus den einzelnen Kapiteln an, die individuell für die bevorstehende Verkleidungsparty ausgewählt bzw. zusammengestellt werden können. Bei der Auswahl der Aktionen wurde darauf geachtet, dass sie wenig aufwendig und daher blitzschnell umsetzbar sind und natürlich auch den Bedürfnissen, Interessen und dem Alter der Kinder gerecht werden. Manche Praxisideen enthalten dabei sowohl Varianten für jüngere als auch für ältere Kinder. Um gezielt nach Spielideen für eine bestimmte Altersgruppe suchen zu können, steht vor jedem Spielangebot eine Altersangabe als Orientierungshilfe. Falls nötig, finden sich hier auch Materialien, die für die Umsetzung der Spielidee benötigt werden.

Mit Ausnahme des ersten und letzten Kapitels starten alle folgenden Kapitel mit einem Basteltipp für die Gestaltung einer Einladung zur Feier sowie einem Beispiel für die Formulierung des dazu passenden Einladungsschreibens. Es gibt unterschiedliche Dekorationsideen, die die Kinder spielerisch und zum Teil auch musikalisch in die Praxis umsetzen können. Auf Rezeptideen wird im Buch bewusst verzichtet, um den Vorbereitungsaufwand für die Feiern zu minimieren. Falls gewünscht, ist es ein Leichtes, ein paar Eltern zu bitten, für die Feier z.B. Krapfen, Muffins, Pfannenkuchen & Co. für die Kinder zu backen.

Jedes Kapitel enthält darüber hinaus Noten für ein bis zwei Kinderlieder von der erfolgreichen Liedermacherin, Texterin und Komponistin **Anke Drape**, die auch Bestandteil so mancher Spielidee aus diesem Buch sein können und Kinder ohne viel Zutun zum Mitmachen einladen.

Die zugehörige CD zum Buch stellt daher eine sinnvolle Ergänzung zum Buch dar, ist aber zur Umsetzung der einzelnen Aktionen nicht zwingend erforderlich.

Auf der CD befindet sich neben insgesamt 12 Liedern auch ein musikalisches Signal, das als Tusch eingesetzt werden kann, z. B. wenn sich die Kinder vor dem Publikum verbeugen und sich ihren wohlverdienten Applaus abholen. Die Abfolge der Lieder auf CD wurde so arrangiert, dass sie eine Karnevalsfeier schön untermalen kann. Desweitern befindet sich auf der CD zu vier Liedern auch die Instrumentalmusik, die bei der einen oder anderen Spielidee gut eingesetzt werden können. Damit die Titel der CD den Liedern und Spielen im Buch besser zugeordnet werden können, sind die Track-Nummern der CD neben den jeweiligen Überschriften aufgeführt.

Los geht's mit dem **ersten Kapitel „Blitz-Kostüm & fixe Schminke"**. Die Kinder erhalten spielerisch ein paar Kostümideen und erfahren, wie sie selbst ruck, zuck ein einfaches Kostüm herstellen und sich somit im Handumdrehen kostümieren können. Zudem gibt es jede Menge blitzschnelle Schminktipps.

Im **zweiten Kapitel „Baby-Clown & Mini-Zwerg"** werden zwei altersgerechte Mini-Einheiten mit Spielen und Liedern speziell für Kinder unter 3 Jahren für eine Faschingsfeier in der Krippengruppe vorgestellt, die sich besonders gut in den Tagesablauf integrieren lassen und zwar so, dass die kleinen Narren und Jecken nicht überfordert werden

Das **dritte Kapitel „Jecke Kids & 1A-Stimmung"** enthält zahlreiche Praxisideen, die sich hervorragend für ein zwei- oder gar dreiteiliges „närrisches" Programm im Kindergarten anbieten, aber auch einzeln über den Tag verteilt durchgeführt werden können.

Im **vierten Kapitel „Sportliche Jecken & turnende Narren"** dürfen die Kinder als Clowns, Piraten & Co. nicht nur miteinander in der Sporthalle in Bewegung kommen und turnen, sondern auch gemeinsam das Tanzbein schwingen und dabei jede Menge Blödsinn machen.

Im **fünften Kapitel „Helau & Alaaf in der Kinderbütt"** halten die Kindergartenkinder auf der Bühne u. a. eine kleine Büttenrede, turnen, singen und tanzen und zeigen dabei stolz ihr Können den Allerkleinsten aus einer Kinderkrippe oder einfach einer anderen Kindergartengruppe. Durch die Einbeziehung des Publikums entsteht ein toller Mitmachspaß für alle Kinder.

Im **sechsten Kapitel „Narrenspaß & Mummenschanz"** feiern alle miteinander im Gruppenraum. Ob eine Polonaise durch den Gruppenraum oder lustige Stuhlkreis- oder Tischspiele, hierbei kommen Groß und Klein auf ihre Kosten.

Das **siebte Kapitel „Am Aschermittwoch ist alles vorbei!"** widmet sich dem Beginn der Fastenzeit. Mithilfe der Praxisideen werden Luftschlangen, Papiertröten, Ratschen, Masken & Co weggeräumt und den Kindern spielerisch und musikalisch Möglichkeiten vorgestellt, wie sie selbst Verzicht üben und dabei so ganz nebenbei viele schöne bereichernde Erfahrungen aus erster Hand sammeln können.

Krippe + Kita

In 5 Minuten zum Kostüm und blitzschnell geschminkt

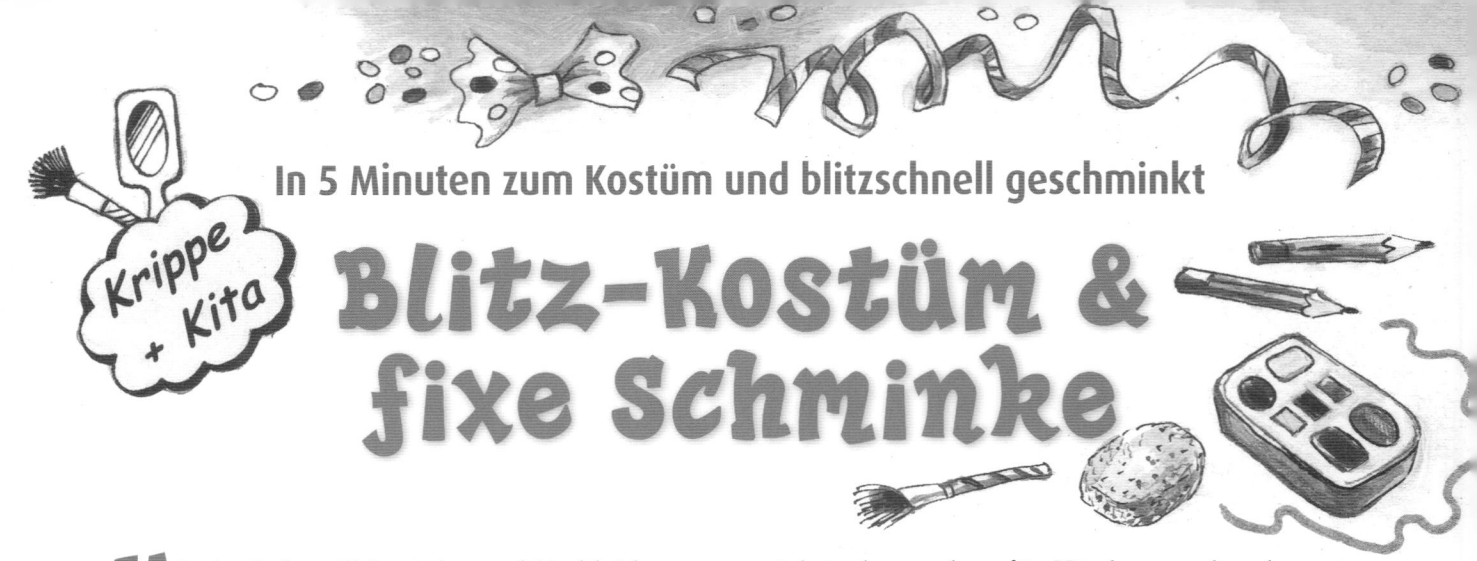

Blitz-Kostüm & fixe Schminke

Kinder lieben Schminke und Verkleidung – und das nicht nur zur fünften Jahreszeit. Sie haben einfach jede Menge Spaß daran, sich in einer anderen Identität auszuprobieren und dabei kreativ zu sein. Besonders gerne verwandeln sich Kinder in Menschen und Tiere, die in ihren Augen großartig sind. Mal ehrlich: Wer von uns hat als Kind nicht auch schon einmal davon geträumt, so glamourös wie eine Prinzessin, so furchtlos wie ein Pirat oder gar so stark wie ein Tiger zu sein?

Im Folgenden erhalten die Kinder spielerisch und musikalisch viele Ideen, wie sie selbst ohne viel Zutun mit einfachen Mitteln ein Kostüm herstellen und sich blitzschnell schminken können. Die Spiele und das Mitmachlied bieten sich insbesondere für Kinder an, die ohne ein Kostüm und ungeschminkt zu der Karnevalsfeier oder auf die Kostümparty kommen. Für solche Fälle braucht man dann lediglich wasserlösliche Schminke und Schminkstifte in verschiedenen Farbtönen, die für die zarte Kinderhaut geeignet sind. Wichtig: Alle Utensilien sollten zum Schutz der Kinder der Spielwarenverordnung entsprechen und nach den Richtlinien für Spielzeug geprüft sein! Zudem werden Schminkpinsel in verschiedenen Größen, Schminkschwämmchen und ein Glas Wasser benötigt. Nicht zuletzt sollte eine Kiste mit ausrangierten Kleidungsstücken, alten Faschingskostümen und passenden Accessoires, die ohnehin ein wichtiges Requisit in den allermeisten Einrichtungen darstellt, keinesfalls fehlen.

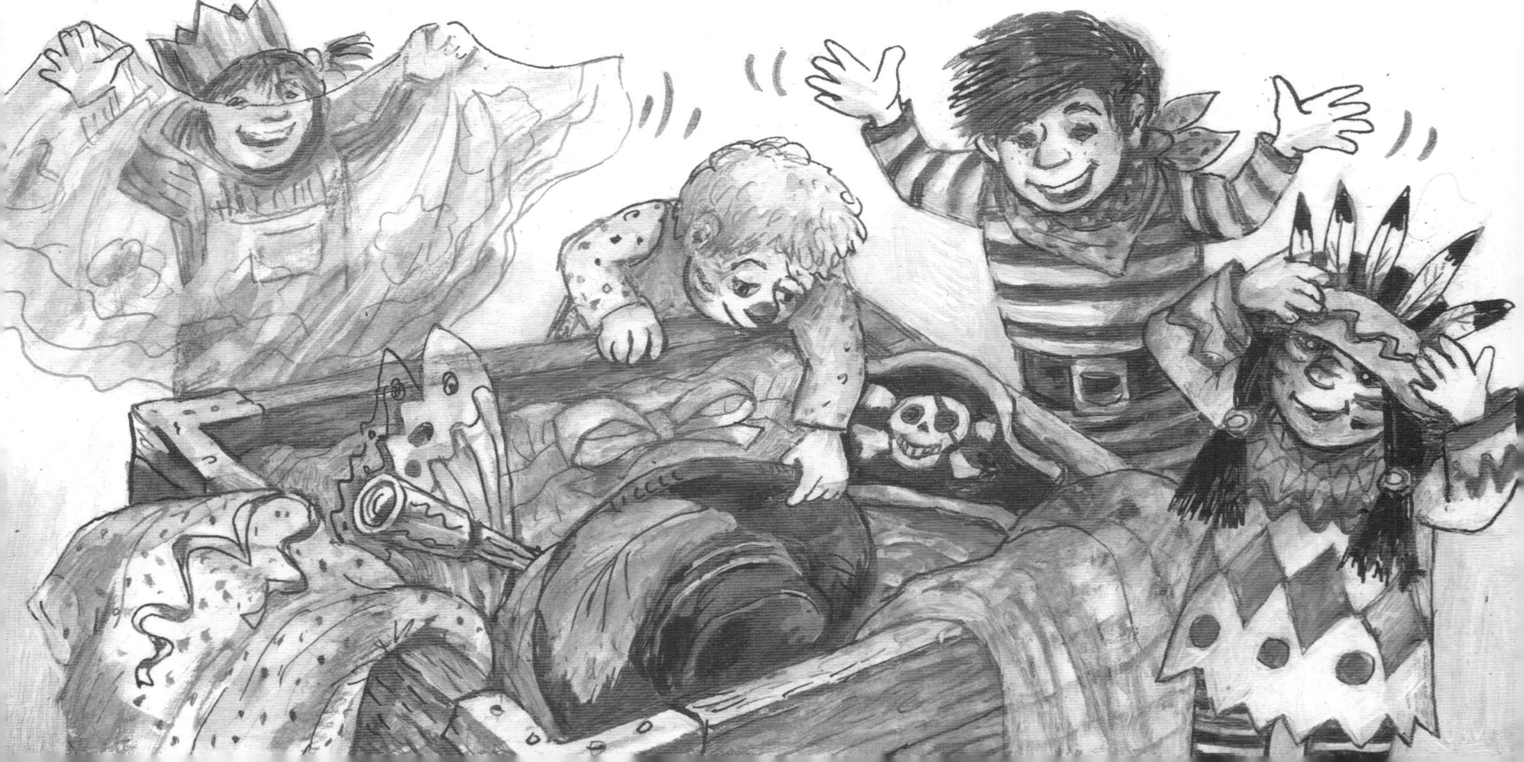

Ruck, zuck zum Pirat & Co.

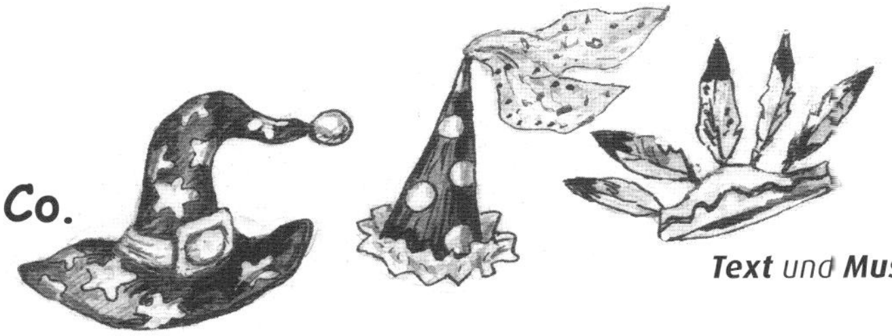

Nr. 9

***Text** und **Musik:** Anke Drape*

Das folgende Lied im Stehkreis macht Lust eigene Ideen zu entwickeln, sich selbst zu verkleiden und dabei in eine andere Rolle zu schlüpfen.

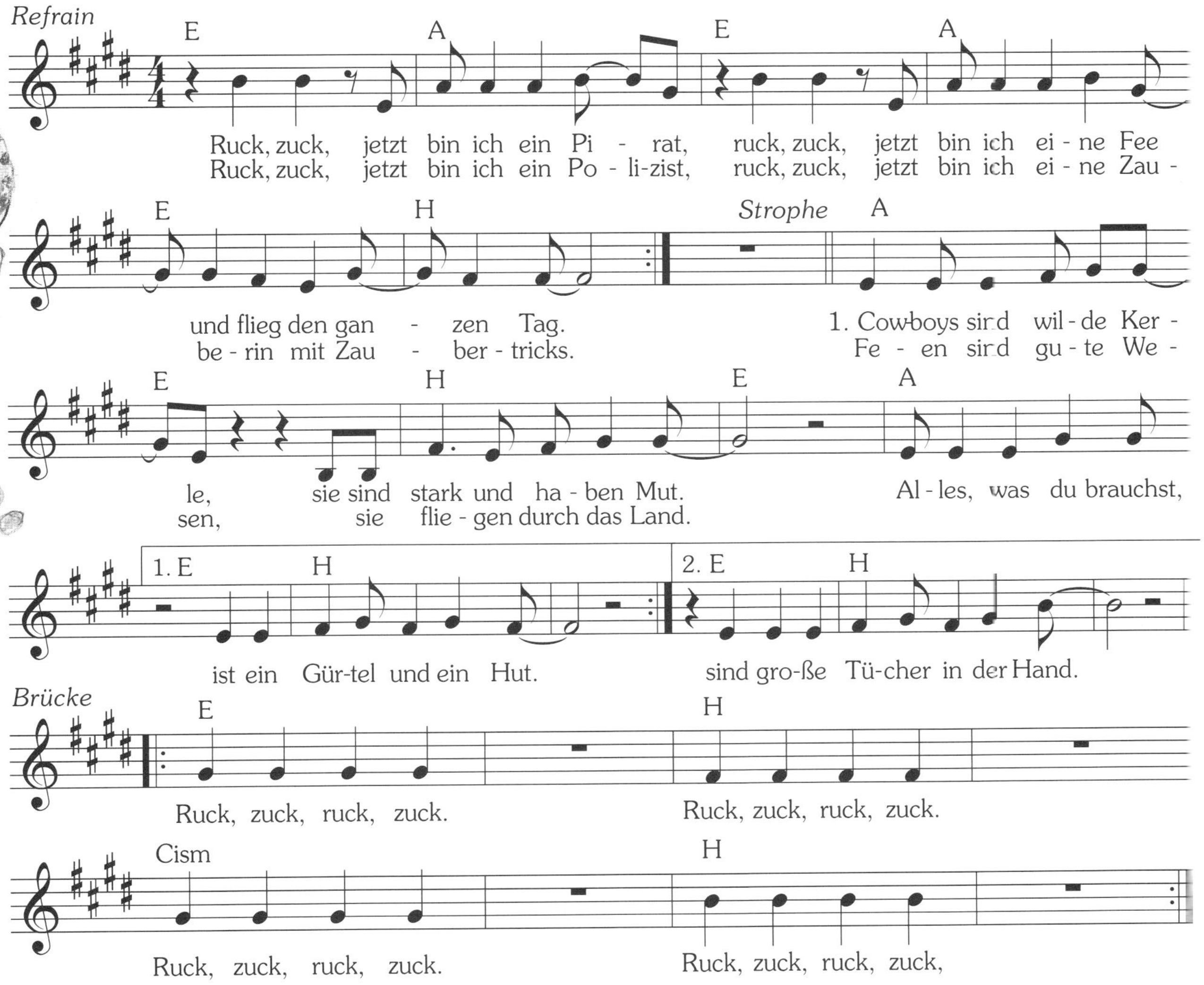

Refrain
E
A
E
A
Ruck, zuck, jetzt bin ich ein Pi - rat, ruck, zuck, jetzt bin ich ei - ne Fee
Ruck, zuck, jetzt bin ich ein Po - li-zist, ruck, zuck, jetzt bin ich ei - ne Zau -
E
H
Strophe
A
und flieg den gan - zen Tag.
be - rin mit Zau - ber - tricks.
1. Cowboys sind wil - de Ker -
Fe - en sind gu - te We -
E
H
E
A
le, sie sind stark und ha - ben Mut.
sen, sie flie - gen durch das Land.
Al - les, was du brauchst,
1. E
H
2. E
H
ist ein Gür-tel und ein Hut.
sind gro-ße Tü-cher in der Hand.
Brücke
E
H
Ruck, zuck, ruck, zuck.
Ruck, zuck, ruck, zuck.
Cism
H
Ruck, zuck, ruck, zuck.
Ruck, zuck, ruck, zuck,

Spielanregung

Gemeinsam singen alle das Lied und machen die passenden Bewegungen dazu:

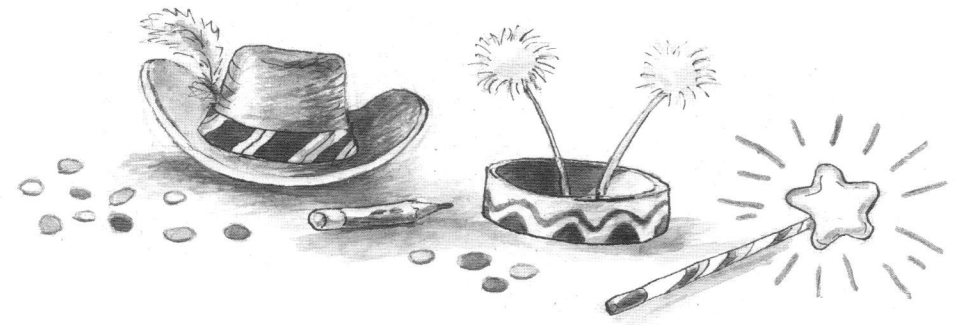

Refrain:

Ruck, zuck, jetzt bin ich ein Pirat,
ruck, zuck, jetzt bin ich eine Fee
und flieg den ganzen Tag.
Ruck, zuck, jetzt bin ich Polizist,

ruck, zuck, jetzt bin ich eine Zau-
berin mit Zaubertricks.

Auge mit der Hand verdecken.
Arme seitlich ausstrecken,
auf und ab bewegen.
Aneinandergepresste Handflächen
wie ein Blaulicht über
dem Kopf kreisen lassen,
mit den Händen einen „Zauberstab"
hin und her schwingen.

1. Cowboys sind wilde Kerle,
sie sind stark und haben Mut.
Alles, was du brauchst,
ist ein Gürtel und ein Hut.
Feen sind gute Wesen,
sie fliegen durch das Land.
Alles, was du brauchst,
sind große Tücher in der Hand.

Auf der Stelle laufen, Oberarme anspannen.
Fäuste bilden.
Mit dem Finger auf die Hüfte
und auf den Kopf deuten.
Mit dem Finger rhythmisch auf das Herz tippen,
mit den Armen Flugbewegungen machen.
Arme nach vorne strecken, mit der einen Hand „Tücher"
aus der anderen Hand hochnehmen.

(Refrain: s. o.)

2. Indianer sind schlaue Krieger,
im Dunkeln fürchten sie sich nicht.
Alles, was du brauchst,
ist bunte Farbe im Gesicht.
Prinzessinnen sind höflich
und ein Prinz ist oft nicht weit.
Alles, was du brauchst,
ist ein langes schönes Kleid.

Mit den Fingern an die Schläfe tippen, Hände vor das
Gesicht halten und den Kopf schütteln.
Mit den Händen über das Gesicht streichen.

Hofknicks machen,
Hand zur Ausschau vor die Stirn halten.
Arme locker hängen lassen,
Hände nach links und rechts ausstrecken.

(Refrain: s. o.)

Brücke:

Ruck, zuck, ruck, zuck.
(3 × wiederholen)

Arme seitlich ausstrecken,
auf und ab bewegen.

Chiffonzarte Tuchkostüme

Ein Tuch kann äußerst vielseitig verwendet werden. Es weckt die Fantasie und Kreativität und bietet sich gerade für die Jüngsten zum Experimentieren und Spielen an.

Alter: ab 1 Jahr
Material: Chiffontücher in Rot, Gelb, Blau, Grün, …

Die Kinder bilden einen Sitzkreis. In der Mitte verteilt die Spielleitung jede Menge Chiffontücher in den unterschiedlichsten Farben. Die farbenfrohen Tücher sind sehr ansprechend, sodass es bestimmt nicht lange dauert, bis die Kleinen zu den Tüchern krabbeln oder laufen, um damit zu experimentieren und zu spielen. Die Spielleitung beobachtet die Kinder und greift die Ideen von dem einen oder anderen Kind auf. Sie animiert die einzelnen Kinder z. B. dazu, eine Prinzessin, Fee oder eine kleine Hexe zu spielen, indem sie ihnen ein Tuch als Rock um die Hüfte bindet oder wie bei einem Zauberer, Prinz oder Ritter einfach als Umhang um die Schultern legt und verknotet.

Indianerstirnband, Hasenohren & Co.

Ein Papierstirnband bietet sich nicht nur für Indianer, sondern auch für Tierohren an. Passend dazu können die Kinder sich auch schminken.

Alter: ab 1 Jahr
Material: 1–2 A2-Tonpapierbögen (z. B. in Gelb), Wachsmalstifte, Heftapparat, Schere, große Indianerfedern (ca. 25–30 cm lang), Chenilledraht (Plüschdraht zum Basteln, 50 cm × 8 mm) in verschiedenen Farben, wasserlösliche Schminke, Schminkpinsel, Schminkschwämmchen, Wasserbecher (halb voll), Tücher und andere passende Kleidungsstücke aus der Kleiderkiste

Bastelanleitung

Die Spielleitung schneidet für jedes Kind einen Tonpapierstreifen (60 cm × 1,5 cm) zu. Daraus soll später ein selbst gestaltetes Stirnband entstehen.
Wenn die Kinder möchten, können sie den Tonpapierstreifen passend zu dem, was sie darstellen wollen, mit Wachsmalstiften bemalen.
Die Spielleitung misst mithilfe des Tonpapierstreifens den Kopfumfang des Kindes, schneidet gegebenenfalls ein Stück ab und heftet dann die noch überlappenden Enden einfach zusammen.
Kinder, die z. B. gerne Indianer spielen möchten, suchen sich ein paar Indianerfedern aus, die die Spielleitung hinten am Streifen anheftet. Kinder, die jedoch lieber einen Elefanten oder ein anderes Tier mit großen Ohren darstellen wollen, suchen sich jeweils zwei dazu passende gleichfarbige Chenilledrähte aus, die die Spielleitung zu jeweils einem „hohlen" ovalen Ohr formt und nicht zu nah beieinander auf der Innenseite des Stirnbands anheftet.
Je nachdem, welche Rolle die Kinder spielen wollen, grundiert sie das Gesicht mit einem feuchten Schwämmchen in der dazu passenden Farbe. Für einen Indianer wählt sie z. B.

rostbraune und für einen Elefanten z. B. die graue Schminke aus. „Indianer" können sich zusätzlich Tücher um die Hüften binden und die „Elefanten" z. B. ein graues T-Shirt tragen.

Spielanregung

Die Kinder bilden einen Kreis. Ein beliebiges Kind stampft passend zu seinem Kostüm z. B. wie ein Elefant auf der Stelle. Dabei fasst es sich mit einer Hand an die Nase und führt durch den entstandenen Hohlraum den Unterarm durch, sodass ein Elefantenrüssel entsteht. Alle übrigen Kinder machen sofort mit. Ruft die Spielleitung „Stopp!", ist das nächste Kind an der Reihe und hüpft z. B. so wie ein Hase passend zu seinem Kostüm durch die Gegend. Bei den ganz kleinen Kindern ist die Spielleitung bei der „Aufführung" behilflich, indem sie einfach mitmacht.

Das Spiel ist beendet, sobald alle Kinder einmal an der Reihe gewesen sind.

Des Kaisers neues Karnevalskostüm

Ähnlich wie bei dem altbekannten Märchen „Des Kaisers neue Kleider" von Hans Christian Andersen können nur diejenigen das Karnevalskostüm des Kaisers sehen, die ihres Amts würdig und schlau sind. Ein Schwindel! Die betreffenden Kinder lassen sich jedoch nichts anmerken, raten einfach munter drauf los und kommen dabei so ganz nebenbei selbst auf viele schöne Kostümideen.

Alter: ab 3 Jahren
Material: Schminkstifte in verschiedenen Farbtönen, 1 Kiste mit ausrangierten Kleidungsstücken, alten Faschingskostümen und passenden Accessoires

Die Kinder bilden einen großzügigen Kreis und überlegen sich ein Tier, das sie gerne an Karneval darstellen möchten.
Ein Kind spielt den Kaiser und betritt den Innenkreis. Alle übrigen Kinder rufen laut:

„Welches Tierkostüm trägt der Kaiser?"

Das Kind tut so, als ob es z. B. in ein Katzenkostüm schlüpft und schließlich die Tasthaare im Gesicht aufmalt. Es stellt das Tier pantomimisch dar, indem es z. B. auf allen Vieren krabbelt, hin und wieder stehen bleibt, miaut und schnurrt wie eine Katze. Wer von den Kindern weiß, welches Tier der Kaiser bzw. das Kind darstellt? Wenn die anderen das Kostüm erraten haben, darf das Kind ein bis zwei Kinder auswählen, die entweder alleine oder mithilfe der Spielleitung passend dazu sein Gesicht rasch schminken. Danach stellt sich das Kind wieder auf seinen Ausgangsplatz.
Das Kind links von ihm setzt das Spiel fort und schlüpft z. B. pantomimisch in ein Froschkostüm und lässt sich entsprechend schminken usw.
Sind alle Kinder einmal an der Reihe gewesen, schauen sie in der Kiste nach, ob sie vielleicht noch zu ihrem Schminkgesicht ein paar passende Kleidungsstücke, Faschingskostüme und passende Accessoires finden.

Variante ab 4,5 Jahren

Anstelle Tiere pantomimisch darzustellen, kann das Kind im Innenkreis z. B. einen Beruf, eine Märchenfigur oder gar ein Fabelwesen darstellen. Dementsprechend kann es sich dann von ein bis zwei Kindern im Innenkreis blitzschnell schminken lassen.

Überraschungsgesichter

Das folgende Spiel fördert die künstlerische Ausdrucksfähigkeit und Vielfalt. Zudem hilft es den Kindern, ihr Gesicht bewusst wahrzunehmen und verschiedene Teile des Gesichts zu benennen.

Alter: ab 3 Jahren
Material: pro Kind 1 Schminkpinsel und 1 Malkittel, Wasserbecher (halb voll), wasserlösliche Schminke in verschiedenen Farben, Schminkschwämmchen

Die Kinder ziehen im Waschraum ihre Malkittel an und suchen sich eine Farbe aus. Die Spielleitung grundiert jedem Kind mit einem feuchten Schwämmchen das Gesicht mit der ausgesuchten Farbe. Die Kinder stellen sich vor den Spiegeln im Waschraum auf. Die Spielleitung gibt jedem Kind einen Pinsel und verteilt die verschiedenfarbige Schminke an die Kinder.
Ein beliebiges Kind beginnt und bestimmt, welcher Teil des Gesichts geschminkt werden soll, z. B. Mund. Alle Kinder schminken ihren Mund und tauschen dann, falls sie möchten, ihre Farben untereinander aus. Das nächste Kind wählt z. B. Wangen, Nase oder Stirn usw. Dadurch, dass die einzelnen Teile des Gesichts auch mehrfach benannt werden können, entstehen auch schöne Mischfarben.
Sind alle Kinder einmal an der Reihe gewesen, endet das Spiel und alle Bestaunen ihre Überraschungsgesichter.
Wer möchte, darf sein Gesicht entweder alleine oder mithilfe eines anderen Kindes weiter anmalen. Hierfür stellt die Spielleitung den Kindern noch weitere Schminke in verschiedenen Farbtönen zur Verfügung.

Hinweis: Kinder, die einen bestimmten Teil des Gesichts nicht bemalen wollen, warten einfach ab, bis die Spielleitung einen anderen Teil des Gesichts benennt.

Kostümidee auf Trommelschlag

Das Spiel hilft Kindern dabei, eigene Ideen für Kostüme zu entwickeln.

Alter: ab 3 Jahren
Material: pro Kind 1 Gymnastikreifen, verschiedene Gegenstände für Kostüme (z. B. Zauberstab, große Indianerfeder (ca. 25–30 cm), Kopftuch, Strohhut und Chiffontuch), Handtrommel

Die Kinder ordnen die Reifen kreisförmig an. Die Spielleitung holt z. B. eine Indianerfeder, die sie direkt neben einen Reifen platziert. Die Spielleitung schlägt die Trommel. Alle Kinder springen zum Rhythmus des Trommelspiels von einem Reifen in den anderen. Sobald die Trommel stoppt, bleiben alle in den Reifen stehen. Dasjenige Kind, das im Reifen neben der Feder steht, hebt diese auf und überlegt sich dazu ein passendes Kostüm. Das kann z. B. ein

Indianer-, Paradiesvogel- oder ein Prinzenkostüm sein.

In der nächsten Runde tauscht die Spielleitung die Feder z. B. gegen einen Strohhut aus. Das Spiel ist aus, sobald die Kinder zu allen Gegenständen eine Kostümidee entwickelt haben.

Spinnenhut & Fußballtrikot

🔵 Nr. 9   *Lied: Ruck, zuck zum Pirat & Co. (→ S. 7)*

Das nachfolgende Spiel macht so richtig Lust aufs gemeinsame Verkleiden.

Alter: ab 3 Jahren
Material: pro Kind 1 Malkittel, 1 weißes T-Shirt und 1 weiße Kappe aus Baumwolle, Stoffmalfarben, 4 Markierungskegel o. Ä., 1 CD-Player und CD oder 1 Handtrommel

Die Kinder sitzen um einen Tisch herum, ziehen sich ihre Malkittel über und erhalten je ein T-Shirt und eine Kappe. Sie überlegen sich, was sie darstellen wollen, und bemalen das T-

Shirt und die Kappe: Ein rotes Kreuz kann z. B. für einen Notarzt stehen, die Zahl 1 deutet vielleicht auf einen Torwart hin und ein Spinnennetz auf eine Spinne.

Sind alle Kinder fertig mit Malen, verteilen sie sich auf einem überschaubaren Spielfeld, dessen Ecken die Spielleitung z. B. mithilfe von vier Markierungskegeln kennzeichnet. Zum Rhythmus der Musik oder des Trommelspiels laufen die Kinder auf dem Spielfeld herum. Begegnen sich zwei Kinder, dürfen sie ihre Kappen miteinander tauschen. Stoppt die Musik, suchen alle nach den Kindern, die keine „passenden" Kappen tragen? Was für ein Gelächter, wenn der Notarzt auf einmal eine Torwartmütze auf hat.

Startet die Musik erneut, geht das lustige Kappentauschen weiter, bis die Musik erneut stoppt. Auf diese Weise finden noch weitere Spielrunden statt, bis schließlich das Lied beendet ist.

Schmink mir ein Clownsgesicht

Nr. 9 *Lied: Ruck, zuck zum Pirat & Co. (→ S. 7)*

Obwohl jedes Kind erst einmal den gleichen Clownsmund in Weiß erhält, gleicht am Ende des Spiels kein Clown dem anderen.

Alter: ab 3 Jahren
Material: pro Kind 1 Malkittel, 1 bunter Pappbecher, 1 Gummiband und 1 Pinsel, mehrere Wasserbecher (halb voll), schwarzer Schminkstift, wasserlösliche Schminke in Weiß, Rot und anderen Farben, alte Zeitungen, Schminkschwämmchen, Schere, CD-Player und CD oder 1 Tamburin

Die Kinder ziehen ihre Malkittel an.

Die Spielleitung breitet das Zeitungpapier auf den Tischen aus und legt Wasserbecher, rote Farbe und für jedes Kind einen Pinsel bereit. Sie teilt den Kindern mit, dass sie sich nun gegenseitig ein lustiges Clownsgesicht schminken dürfen.

Jedes Kind, das mitmachen möchte, malt zunächst vor einem Spiegel, z. B. im Waschraum, mit einem schwarzen Schminkstift einen Bogen über die beiden Augenbrauen und umrandet den Mund großzügig. Die so entstandenen Zwischenräume grundiert es mit einem feuchten Schwämmchen in Weiß.

Auf los geht's im Gruppenraum dann los! Zum Rhythmus der Musik oder des Tamburinspiels laufen alle Kinder kreuz und quer im Raum herum. Stoppt die Musik, sucht sich jedes Kind rasch ein Partnerkind aus. Bei ungerader Kinderzahl macht die Spielleitung einfach mit. Immer zwei Kinder laufen Hand in Hand zu einem Tisch, um sich auf Anweisung der Spielleitung hin z. B. gegenseitig die Nase Rot anzumalen. Setzt die Musik wieder ein, trennen sich die Kinderpaare wieder voneinander und starten eine neue Spielrunde, bei der sich die einzelnen Kinderpaare z. B. die Wangen oder den Mund Rot anmalen dürfen.

Am Ende sticht die Spielleitung links und rechts am unteren Rand der Pappbecher ein Loch hinein, durch das sie ein jeweils 30–40 cm langes Gummiband durchzieht und am Rand verknotet. Alle Clowns setzen nun ihre kunterbunten Hüte auf. Die Spielleitung verknotet die beiden Enden am Kinn. Fertig ist das Clownsgesicht!

Variante ab 1 Jahr

Die Spielleitung setzt ein Kind auf ihren Schoss und zwar so, dass sich beide gegenseitig in die Augen blicken können. Während die Spielleitung den folgenden Text aufsagt, schminkt sie das Kind wie beschrieben:

*„Einen lustigen Clown findest du fein.
Sein Gesicht muss zum Teil Weiß sein."*

Mit dem Schminkstift einen schwarzen Bogen über die Augenbrauen ziehen und großzügig den Mund umranden. Danach den Zwischenraum mit dem Schminkschwämmchen in Weiß grundieren.

*„Ein Clown bringt uns alle zum Lachen.
Lass uns die rote Nase machen."*

Mit der roten Schminke einen dicken Punkt auf die Nasenspitze malen.

„Rot sollen auch der Mund und die Wangen sein. Ein lustiger Clown bist du, oh, wie fein!"

Mit der roten Schminke erst den Mund und dann kreisförmig die Wangen anmalen.

Hinweis: Es empfiehlt sich, dass die Spielleitung die ersten beiden Zeilen so lange wiederholt, bis das Gesicht zum Teil Weiß grundiert ist. Das Gleiche macht sie auch mit Nase, Mund und Wangen. Am Ende wiederholt sie den ganzen Text noch einmal und zeigt dabei auf die dazu passenden Körperstellen.

Kunterbunte Tupfgesichter

Alter: ab 3 Jahren
Material: pro Kind 1 Malkittel; alte Zeitungen, Wasserbecher (halb voll), wasserlösliche Schminke in verschiedenen Farben, 1 Glockenspiel, verschiedene Tücher aus Chiffon, Baumwolle, Seide & Co., ggf. Kamm und Haarspangen

Die Spielleitung breitet auf einem Tisch das Zeitungspapier aus und stellt zudem Wasserbecher und Schminke bereit.
Die Kinder ziehen ihre Malkittel an und setzen sich um den Tisch herum. Sie tauchen einen Finger in einen Wasserbecher und suchen sich eine beliebige Farbe aus. Immer, wenn die Spielleitung einen Ton auf dem Glockenspiel spielt, machen sie einen Farbtupfer auf ihr Gesicht. Ist der Klang verklungen, tauchen sie wie-

der einen Finger in den Wasserbecher und wählen eine andere Farbe aus, mit der sie das Spiel fortsetzen.
Nach ein paar Durchgängen schauen sich die Kinder im Spiegel an. Was für ein Gelächter, wenn sie die kunterbunten Farbtupfer im Gesicht sehen!
Die Spielleitung teilt die Tücher aus, die die Kinder sich entweder alleine oder mit ihrer Hilfe um das Handgelenk oder den Hals binden oder am Hosenbund befestigen. Wer möchte, kann sich von der Spielleitung auch durch Toupieren und Hochstecken der Haare eine wilde Mähne machen lassen.

Variante ab 1 Jahr
Die Spielleitung setzt sich dem Kind direkt gegenüber. Sie taucht ihre Fingerspitzen erst in den Wasserbecher und dann in die verschiedenen Schminktiegel und betupft das Gesicht des Kindes zum nachfolgenden Vers:

„Fünf Farben gehen spazieren im Land. Spürst du die Fingerspitzen meiner Hand?"

Nach mehrmaliger Wiederholung des Verses schaut sich das Kind im Spiegel an und bewundert die vielen bunten Farbtupfer auf seinem Gesicht.

Maskenball

Nr. 9   *Lied: Ruck, zuck zum Pirat & Co. (→ S. 7)*

Das folgende Spiel eignet sich insbesondere für Kinder, die sich nicht schminken, sondern lieber eine Maske tragen wollen.

Alter: ab 3 Jahren

Material: pro Kind 1 runder weißer Pappteller, 1 Malkittel und 1 Schere, Fingerfarben oder Wachsmalstifte in verschiedenen Farben, Bleistift, weiße Wolle, Lochzange, Gummiband, Tonpapierreste, lange Tonpapierstreifen (ca. 20 × 2 cm) und Chenilledrähte (Plüschdraht zum Basteln, 50 cm × 8 mm) in Schwarz oder Braun; Indianerfedern (ca. 25–30 cm lang), Heftapparat; 1 CD Player und CD oder 1 Handtrommel

Bastelanleitung

Die Kinder ziehen ihre Malkittel an und erhalten die Aufgabe, z.B. jeweils eine Hasen-, Indianer- oder einfach eine Paradiesvogel-Maske zu gestalten.

Dazu malen sie ihren Pappteller in der dazu passenden Farbe an. Für einen Hasen können

sie z.B. Braun, für einen Indianer Rotbraun und für dessen Kriegsbemalung verschiedene Farben wählen. Für einen Paradiesvogel verwenden sie mehrere Farben.

Ist die Farbe trocken, hält die Spielleitung den einzelnen Kindern den Pappteller vor das Gesicht und zeichnet die Augenschlitze und den Mund auf. Die Kinder schneiden Augen und Mund mit einer Schere aus. Falls notwendig, hilft die Spielleitung ein bisschen dabei.

Auf Tonpapierresten malen die Kinder Nasen auf, schneiden diese aus, beschmieren diese auf einer Seite mit Klebstoff und drücken sie dann auf ihren Papiertellern platt.

Für den Hasen kleben die Kinder auf ihre Pappteller neben der Nase links und rechts jeweils drei weiße, ca. 10 cm lange Wollfäden, die Tasthaare darstellen. Die betreffenden Kin-

der suchen sich dann jeweils zwei schwarze oder braune Chenilledrähte aus, aus denen sie entweder alleine oder mithilfe der Spielleitung zwei „hohle" Löffelohren formen und mit den Enden an die Masken anheften. Zusätzlich können sie noch jeweils zwei weiße rechteckige Zähne (ca. 3 cm × 1 cm) auf einem weißen Tonpapierrest aufzeichnen, ausschneiden und direkt unter den Mund kleben.

Kinder, die einen Indianer spielen wollen, kleben oberhalb ihrer Maske einen Tonpapierstreifen (ca. 20 cm × 2 cm) auf und heften hinter die Maske eine Feder, die nach oben in die Luft ragt. Die überstehenden Enden schneiden sie und runden sie entsprechend dem Pappteller ab.

Für den Paradiesvogel können mehrere Federn hinter die Maske geheftet werden und zwar so, dass die Federn ebenfalls über die Maske herausragen.

Zum Aufziehen der Maske macht die Spielleitung links und rechts neben den Augenschlitzen mit der Lochzange jeweils ein Loch, durch die sie ein ca. 30–40 cm langes Stück Gummiband zieht und je an einer Seite des Papptellerrands verknotet. Fertig ist die selbst gestaltete Tiermaske!

Spielanregung

Die Kinder bilden einen Kreis und ziehen ihre Masken auf. Immer drei bis fünf Kinder treten in den Innenkreis, um im Takt zur Musik oder des Trommelspiels ihre Masken zu präsentieren. Die Allerkleinsten kann die Spielleitung auch an die Hand nehmen oder einfach Huckepack tragen. Stoppt die Spielleitung die Musik, tauschen sie mit jeweils einem anderen Kind aus dem Spielkreis den Platz.

Das Spiel ist aus, sobald alle Kinder sich wenigstens einmal im Innenkreis mit ihren Masken präsentieren konnten.

Wer ist das Gespenst?

Mithilfe des folgenden Spiels können insbesondere zurückhaltende und ängstliche Kinder rasch Spaß am Verkleiden gewinnen und sich vielleicht sogar für das vorgestellte Gespensterkostüm begeistern.

Alter: ab 4 Jahren
Material: pro Kind 1 weißes Bettlaken, Seil und Glöckchen, schwarzer Stift, Scheren, Wolle

Die Kinder bilden einen großzügigen Stuhlkreis. Eines der Kinder dreht sich um und schließt die Augen. Die Spielleitung sucht heimlich ein weiteres Kind aus – das Gespenst, das sich in die Kreismitte stellt, und stülpt ihm ein Bettlaken über den Kopf. Die übrigen Kinder sagen laut:

„Ein Gespenst steht im Kreis.
Sag uns seinen Namen leis!"

Das Kind öffnet die Augen, dreht sich zur Kreismitte und schaut sich im Kreis um. Es muss nun herausfinden, wer von den Kindern seinen Platz im Kreis verlassen hat und das Gespenst spielt. Weiß das Kind nicht, wer sich unter dem Bettlaken verbirgt, darf es ein Karnevalslied summen oder einfach so wie ein Gespenst *„Hui-buh!"* rufen. Hat es das Kind erkannt, entscheidet das Kind unter dem Bettlaken, ob es ein Gespenst bleiben möchte oder nicht. Falls ja, zeichnet die Spielleitung die Augen und den Mund von außen auf das Bettlaken auf.

Eine neue Spielrunde beginnt.

Erst, wenn alle Kinder einmal das Gespenst in der Kreismitte spielen konnten, ist das Spiel beendet.

Alle Kinder, die ein Gespenst sein wollten, schneiden aus ihren Bettlaken die Augen und Münder aus. Für jedes Gespenst macht die Spielleitung außerdem ein paar Glöckchen an einem Wollfaden fest und bringt sie an einem ausreichend langen Seil an. Jedes Gespenst bindet sich eines der schaurigen Rasselseile um die Hüften. Und der Spuk kann beginnen.

Ruck, zuck ins Kostüm

Nr. 9   *Lied: Ruck, zuck zum Pirat & Co. (➜ S. 7)*

Alter: ab 4 Jahren
Material: 4 Markierungskegel o. Ä., Gegenstände aus der Kleiderkiste (z. B. Röcke, Hüte, Jacken, Schals, Kopftücher, Perücke, Krone [➜ S. 18 „Auf die Krone, fertig, los!"], Hasenohren [➜ S. 9 „Indianerstirnband, Hasenohren & Co."]), CD-Player und CD oder 1 Tamburin

Die Spielleitung kennzeichnet ein überschaubares Spielfeld mithilfe von vier Markierungskegeln, auf dem sie für jedes Kind ein bis zwei Kleidungsstücke verteilt.

Zum Rhythmus der Musik oder des Tamburinspiels der Spielleitung laufen die Kinder zwischen den Kleidungsstücken so lange herum, bis die Spielleitung die Pausentaste des Abspielgeräts drückt.

Blitzschnell wählen die Kinder jeweils ein Kleidungsstück aus, das sie sofort anziehen. Das

kann z. B. ein Hut sein, den sich ein Kind aufsetzt, ein Schal sein, den es sich um den Hals oder die Hüften bindet, oder ein Hemd sein, das es überzieht.

Kann sich ein Kind für nichts entscheiden, dann wartet es einfach die nächste Spielrunde ab. Hierfür verteilt die Spielleitung weitere Kleidungsstücke auf dem Spielfeld.

Nach einigen Runden schaltet die Spielleitung die Musik aus und alle Kinder bilden einen Kreis, um ihre Kostüme zu begutachten. Wie sehen wohl die einzelnen Kinder aus? Die Kinder präsentieren der Reihe nach ihr „Kostüm", indem sie einmal im Innenkreis an den anderen vorbeiflanieren. Wer möchte, erzählt kurz etwas über sein Kostüm, was es darstellt, welche Gegenstände für die Kostümierung wichtig sind usw.

Kleiderbasar

Alter: ab 4 Jahren
Material: verschiedene Gegenstände, wie z. B. Tücher, Röcke, Hüte, Besen, Zauberstab und Leintücher

Die Kinder bilden einen Kreis. In die Mitte legt die Spielleitung verschiedene Gegenstände zum Verkleiden.

Die Kinder überlegen sich im Stillen, was sie gerne darstellen wollen. Eines der Kinder fängt an und erzählt den anderen seine Idee für eine Verkleidung. Es sucht sich entweder alleine oder mithilfe der Gruppe, die es beraten darf, etwas Passendes dazu aus. Konnte das Kind etwas Geeignetes finden, geht es wieder auf seinen Ausgangsplatz zurück und verkleidet sich.

Weiter geht´s im Uhrzeigersinn mit dem nächsten Kind.

Nach insgesamt fünf bis sechs Durchgängen ist das Spiel aus. Alle Kinder, die nichts Geeignetes in der Kreismitte finden können, setzen einfach aus und stehen den anderen beratend zur Seite.

Auf die Krone, fertig, los!

Alter: ab 5 Jahren
Material: 1 A2-Tonpapierbogen in Gelb, pro Kind 1 Schere, Lineal, Bleistift, Heftapparat, Stoppuhr oder Uhr mit Sekundenzeiger

Die Kinder sitzen um den Tisch herum und erhalten jeweils eine Schere. Die Spielleitung ernennt zwei Kinder zum Prinzenpaar und zeichnet für sie auf dem gelben Tonpapierbogen jeweils einen Streifen (60 cm × 1,5 cm), die die beiden ausschneiden. Hieraus sollen zwei Kronen für das Prinzenpaar entstehen.

Erst die Prinzessinnen-Krone: Die Spielleitung zeichnet die Zacken der Krone von links nach rechts auf einen der Streifen auf. Wichtig: Die Zacken sollten nicht über die Mittellinie des Streifens hinausgehen, da die Krone sonst instabil wird! Um den Umfang der Krone an den Kopfumfang des Kindes anzupassen, das die Prinzessin spielt, legt sie den Streifen um den Kopf des Mädchens, und heftet die beiden übereinanderstehenden Enden zusammen.

Auf los geht's los. Alle Kinder dürfen jetzt gemeinsam die Zacken aus der Krone schneiden. Die Spielleitung übergibt einem Kind das Papierstirnband. Es schneidet den ersten Zacken aus und übergibt den Streifen seinem linken Nachbarskind, das nun den zweiten Zacken ausschneidet. Hand in Hand geht´s so lange weiter, bis alle Zacken ausgeschnitten sind. Die Spielleitung stoppt die Zeit.

Dann ist die zweite Krone für den Prinzen an der Reihe: Mal sehen, ob die Kinder dieses Mal schneller sind!

Kostümstaffel im Kreis

Alter: ab 5 Jahren
Material: Kleidungsstücke oder Gegenstände, wie z. B. Rock, Besen, Kochlöffel und Zollstock

Die Kinder bilden einen Spielkreis. Die Spielleitung übergibt einem Kind z. B. einen Rock. Kann das Kind das Kleidungsstück gut gebrauchen, dann darf es den Rock gleich anziehen, und eine neue Spielrunde mit einem neuen Kleidungsstück oder Gegenstand beginnt. Andernfalls gibt es ihn weiter an sein linkes Nachbarkind.

Nach vier bis fünf Durchgängen verteilt die Spielleitung alle übrig gebliebenen Sachen im Kreis. Jedes Kind darf sich ganz nach Belieben bedienen und mit den Gegenständen und Kleidungsstücken kostümieren.

Zum Abschluss bilden alle Kinder noch einmal einen großen Kreis und präsentieren sich nacheinander der Gruppe mit ihren Kostümen.

Baby-Clown & Mini-Zwerg

Krippe

Kinder unter 3 Jahren brauchen i. d. R. nicht viel, um gemeinsam zu feiern, lustig und fröhlich zu sein.

Dadurch, dass sie vieles noch nicht alleine können und über eine geringe Aufmerksamkeitsspanne verfügen, sind einfache Dekorationsideen, Kostüme, Lieder und Spielangebote für diese Zielgruppe geradezu ideal. Es ist wichtig, dass die Allerkleinsten weder mit Spielangeboten überhäuft werden noch sehr lange miteinander feiern. Es würde sie nur unnötig überfordern und jeden Spaß im Keim ersticken.

Damit die Allerkleinsten von Anfang an auf ihre Kosten kommen, werden nachfolgend kurze Lieder und Spiele für eine Faschingsfeier vorgestellt, die auf die Fähigkeiten, Bedürfnisse und Interessen von Kindern ab dem 1. Lebensjahr abgestimmt sind und einfach und ohne viel Aufwand zu einem Mini-Faschings-Programm zusammengestellt werden können. Jede Einheit im Morgenkreis und für zwischendurch in den Gruppenräumen dauert maximal zehn Minuten. Merkt man jedoch, dass man z. B. für ein Morgenkreisspiel länger als zwei Minuten braucht, empfiehlt es sich, auf eines der Kreisspiele aus der dazugehörigen Einheit zu verzichten. Ein kurzes Spiel am Ende der Feier rundet das Angebot auf jeden Fall ab und verabschiedet die Kleinen nach Hause.

Einladen und Dekorieren

Getüpfelte Konfetti-Einladung

Alter: ab 1 Jahr
Material: pro Kind 1 A4-Tonpapierblatt in Gelb oder Orange, 1 Malkittel und 1 Luftballon, Fingerfarben, Konfettis, Klebeband, Klebestift, Kopierer

Und so geht's:

1. Die Spielleitung hilft jedem Kind, sein Tonpapier wie ein Buch in der Mitte zu falten.
2. Die Kinder machen Farbtupfer auf die Vorderseite ihrer Einladungskarte und betupfen sie mit Kleber, um schließlich Konfetti daraufzustreuen.
3. Ist die Farbe trocken, klebt jedes Kind mithilfe der Spielleitung jeweils einen Luftballon, der nicht aufgeblasen wird, vorne auf die Einladungskarte.

Das Einladungsschreiben wird für jedes Kind kopiert und in die Einladungskarte geklebt:

Liebe Kinder,

nun ist es soweit.
Es ist Faschingszeit.

Am …

brauchst du nicht kostümiert zu sein,
es sei denn, du findest es ganz fein!

Das Ganze fängt um … Uhr in der Kinderkrippe an.
Liebe Mama und lieber Papa, denkt bitte für mich dran!

Leckereien bringen wir für dich mit.
Es schmeckt gut, ist gesund und hält dich fit.

Auf dein Kommen freuen sich riesig,

(Namen der Erzieherinnen)

Luftschlangenbilder

Alter: ab 1 Jahr
Material: pro Kind 1 A4-Tonpapierblatt in Gelb oder Orange, Wachsmalstifte, Luftschlangenrollen, Klebeband

Die Kinder erhalten Wachsmalstifte und jeweils ein Tonpapierblatt, um ein Luftschlangenbild zu gestalten. Die Spielleitung zeigt den Kindern die Luftschlangen und bittet sie, mit ihren Farben Luftschlangen auf das Blatt zu malen. Sind alle fertig, pustet sie für die Kinder ein paar Luftschlangen ordentlich auseinander. Die Kinder kleben sie entweder alleine oder mithilfe der Spielleitung auf die Bilder. Die Spielleitung hängt die Luftschlangenbilder im Gruppenraum auf.

Papierschnipsel, Konfetti & Co.

Alter: ab 1 Jahr
Material: Papierschnipsel, Luftschlangen, Toilettenpapierrollen, Konfettis usw.

Die Kinder bilden einen Sitzkreis. Die Spielleitung verteilt die Luftschlangen und andere Materialien in der Mitte. Die Kinder krabbeln oder laufen der Reihe nach zu den Sachen, um sich etwas zu holen.
Sie verteilen die Sachen nach Herzenslust im Raum. Dazu legen sie z. B. Papierschnipsel auf die Tische und pusten ein paar Luftschlangen ordentlich auseinander, um sie z. B. von den Stuhllehnen herunterhängen zu lassen. Sie können auch Toilettenpapier um die Tischbeine herumwickeln und Konfetti überall auf den Boden streuen. Die Spielleitung hilft, falls erforderlich, den Raum zu dekorieren.
Erst, wenn alle Sachen aus der Kreismitte verwendet wurden, ist das Spiel aus und der Raum garantiert schön dekoriert.

Hinweis: Dieses Spielangebot kann auch der erste Programmpunkt der Faschingsfeier, die im Morgenkreis startet, sein. In diesem Fall lässt die Spielleitung dann ein Morgenkreisspiel einfach weg.

Ballons mit Fingerabdrücken

Alter: ab 2 Jahren
Material: pro Kind 1 Malkittel, Luftballons, Luftballonpumpe, Fingerfarben, Wolle, Schere, Klebeband oder Reißnägel

Die Kinder ziehen ihre Malkittel an. Die Spielleitung bläst ein paar Luftballons auf und verknotet das Mundstück. Die Kinder benutzen die Fingerfarben und machen jede Menge Farbtupfer auf die Luftballons.
Ist die Farbe trocken, schneidet die Spielleitung für jeden Luftballon einen langen Faden ab, den sie am Mundstück festbindet. Das andere Fadenende befestigt sie am besten mit einem Reißnagel oder Klebeband an den Wänden.

Morgenkreis in der Faschingszeit

Hallo, Kinder, kommt herein

Nr. 1

Text und *Musik:* Anke Drape

Refrain

Hal - lo, Kin - der, kommt he - rein, e - gal, ob Groß ob Klein. Früh am

Mor - gen stehn wir auf, und der Tag nimmt sei - nen Lauf. Hal - lo,

Kin - der, kommt he - rein, e - gal, ob Groß, ob Klein. Der Him - mel

ist schon auf - ge - wacht und hat die Son - ne mit - ge - bracht.

Strophe

1. Zeig mir dei - ne Hän - de, kön - nen sie schon win - ken?

Zeig mir dei - ne Fü - ße, kön - nen sie schon hüp - fen?

Zeig mir dei - ne Oh - ren, kön - nen sie schon hö - ren?

Zeig mir dei - nen Mund, kann er schon ganz laut schrein?

Spielanregung

Alle bilden einen Kreis, um das Begrüßungslied zu singen, und machen so gut wie möglich mit:

Refrain:

Hallo, Kinder, kommt herein,
egal, ob Groß ob Klein.
Früh am Morgen stehn wir auf,
und der Tag nimmt seinen Lauf.
Hallo, Kinder, kommt herein, …
Der Himmel ist schon aufgewacht
und hat die Sonne mitgebracht.

Alle winken sich gegenseitig herbei,
recken und strecken.

s. o.
Arme in die Luft strecken und
seitlich nach unten führen.

1. Zeig mir deine Hände,
können sie schon winken?
Zeig mir deine Füße,
können sie schon hüpfen?
Zeig mir deine Ohren,
lönnen sie schon hören?
Zeig mir deinen Mund,
kann er schon ganz laut schrein?

Hände zeigen und winken.

Auf und nieder hüpfen.

Mit dem Zeigefinger auf die Ohren deuten.

Mit dem Zeigefinger auf den Mund deuten.

(Refrain: s. o.)

2. Zeig mir deine Augen,
können sie schon zwinkern?
Zeig mir deine Arme,
können sie sich strecken?
Zeig mir deinen Po,
kann er denn schon wackeln?
Zeig mir deine Finger,
können sie schon kitzeln?

Mit dem Zeigefinger auf die Augen tippen,
zwinkern.
Arme in die Luft strecken,
sich recken und strecken.
Hüfte zur Musik hin und her bewegen.

Beide Nachbarskinder kitzeln.

(Refrain: s. o.)

3. Nehmt euch an den Händen und
macht euch mal ganz klein.

Kreis bilden, an den Händen halten,
in die Hocke gehen.

Jetzt stellt euch auf die Zehen,
jeder ganz allein.
Dreht euch mal nach rechts
und dann links herum.
Und, wer jetzt noch ganz müde ist,
fällt einfach um.

(Refrain: s. o.)

Auf die Zehenspitzen stellen,
Hände loslassen.
Sich an die Hüften fassen,
nach rechts und links drehen.
Auf den Boden fallen lassen.

Hinweis: Alternativ kann anstatt „Hallo Kinder kommt herein" auch „Faschingskinder kommt herein" gesungen werden.

Clownerie mit Luftschlangen

Alter: ab 1 Jahr
Material: Schminkstift in Rot, 1 ulkiger Hut, Luftschlangen, 1 Eimer o. Ä.

Die Kinder stehen im Kreis. Die Spielleitung spielt einen Clown. Sie dreht sich von den Kindern weg, malt sich schnell einen dicken roten Punkt auf die Nase und setzt sich einen ulkigen Hut auf. In die Hosentasche, unter den Pullover und Hut steckt sie ein paar zuvor auseinandergepustete, aber auch ein bis zwei aufgerollte Luftschlangen.

Als Clown dreht sie sich wieder um und tut so, als ob sie zur Kreismitte stolpern würde. Dabei begrüßt sie die Kinder und lüpft dabei ihren Hut: Alle auseinandergepustete Luftschlangen fallen auf den Boden. Sie bückt sich: Prompt fliegen die nächsten Luftschlangen unter ihrem Pullover heraus. Sie stellt sich wieder aufrecht hin, schüttelt verwundert den Kopf und greift in die Hosentaschen. Schwuppdiwupp, zieht sie die nächsten Luftschlangen und ein bis zwei aufgerollte Luftschlangen aus der Hosentasche heraus.

Sie bückt sich, nimmt eine oder gar zwei aufgerollte Luftschlangen und pustet sie auseinander. Behutsam legt sie die auseinandergepusteten Luftschlangen den Kindern über die Schultern und winkt sie in die Kreismitte zu kommen. Die Kinder krabbeln oder laufen zur Kreismitte und experimentieren und spielen nach Herzenslust mit ihnen.

Am Ende stellt die Spielleitung einen Eimer in die Kreismitte. Alle Kinder werfen die Luftschlangen, die auf dem Boden herumliegen, in den Eimer.

Clown mit Luftballon

Alter: ab 1 Jahr
Material: 1 Luftballon, evtl. Schminkstift in Rot und 1 ulkiger Hut, 1 blickdichtes Tuch

Die Kinder bilden einen Sitzkreis. Die Spielleitung spielt einen Clown (➜ Schminktipp, linke Spalte „Clownerie mit Luftschlangen"). In der Hand hält sie den Luftballon und in den Hosenbund klemmt sie ein blickdichtes Tuch.

Der „Clown" geht zur Kreismitte, bläst den Luftballon etwas auf und lässt ihn schließlich los, sodass die Luft ausströmt und der Luftballon wild durch die Luft fliegt. Er wiederholt das zur Freude der Kinder mehrmals.

Er verknotet das Mundstück des aufgeblasenen Luftballons irgendwann und wirft ihn z. B. in die Luft oder lässt ihn auf seinen Kopf fallen. Schließlich setzt er sich zu den Kindern in den Sitzkreis und schnipst den Luftballon mit dem Daumen und Zeigefinger zu einem Kind. Die Kinder werfen sich den Luftballon gegenseitig zu oder schnipsen ihn ebenfalls zu einem anderen Kind.

Haben sich alle Kinder so richtig ausgetobt, nimmt der „Clown" den Luftballon und erklärt den Kindern, dass er vom Toben schon ganz müde ist. Er zieht das Tuch hervor und stülpt es über den Luftballon. Den verdeckten Luftballon bringt er außer Reichweite der Kinder und beendet so das Spiel.

Luftschlangenregen

Für dieses Kreisspiel können gerne auch gebrauchte Luftschlangen verwendet werden, z. B. aus dem Spiel „Clownerie mit Luftschlangen" (→ S. 24).

Alter: ab 1 Jahr
Material: 1 Eimer gefüllt mit auseinandergepusteten Luftschlangen

Alle bilden einen Spielkreis. Die Spielleitung stellt den mit Luftschlangen gefüllten Eimer in die Kreismitte und kniet sich davor nieder. Sie spricht laut den Text vor und macht dazu die passenden Bewegungen:

„In diesen Eimer schaue ich hinein.
Was wird in dem Eimer wohl sein?"

Den Oberkörper nach vorne beugen und den Kopf in den Eimer stecken.

„Es ist leicht und fühlt sich gut an.
Ich zähle bis drei und was dann?"

Den Kopf wieder aus dem Eimer nehmen und mit den Händen darin wühlen, sodass es raschelt.

„Kommt jetzt alle ganz schnell hier her!
Auf die Luftschlangen, los – bitte sehr!"

Die Kinder krabbeln oder laufen zum Eimer. Die Spielleitung greift in den Eimer, reißt die Arme in die Luft, sodass die Luftschlangen nur so herumfliegen.

„Luftschlangenregen, Luftschlangenregen …"

Alle werfen nun mit den Luftschlangen um sich herum und rufen unaufhörlich *„Luftschlangenregen!"*

Spiele für zwischendurch

Das Lied der Tiere

Nr. 8

Text und **Musik:** Anke Drape

Strophe

1. Kennt ihr schon das Lied vom klei-nen Floh? Kennt ihr schon das Lied vom

klei - nen Floh? Der ist so klein, so klein, so

klein, so klein, der ist so klein, so klein, so klein.

Refrain

Uh,_____ ah i - a - i. Eins, zwei, drei, vier, fünf, ganz vie - le,

das hier ist das Lied der Tie - re. Ach-tung, Ach-tung,

auf - ge-passt! Je - des Tier er - zählt dir was.

Spielanregung

Alle bilden einen Kreis und führen das folgende Mitmachlied durch:

1. Kennt ihr schon das Lied vom kleinen Floh? (2×)

Der ist so klein, so klein, so klein, so klein, der ist so klein, so klein, so klein.

Aufeinander deuten.

Im Takt immer kleiner werden, bis alle in der Hocke knien.

2. Kennt ihr schon das Lied vom großen Pferd? (2×)
s.o.

Das ist so groß, so groß, …
Sich mit den Armen immer größer machen.

Refrain:

Uhhhhhhhhhhhh, ahhhhhhhhiai.

Eins, zwei, drei, vier, fünf, ganz viele, das hier ist das Lied der Tiere.
Faust bilden, nacheinander Zeige-, Mittel- und Ringfinger ausstrecken, Hände in die Luft werfen, erst rechten dann linken angewinkelten Arm nach unten bewegen und wieder zurück.

Achtung, Achtung, aufgepasst!
Finger spreizen, vor Gesicht halten, übereinanderlegen und wieder auseinanderziehen.

Jedes Tier erzählt dir was.
Hände bilden einen Schnabel/eine Schnauze, auf und zu machen.

Kennt ihr schon das Lied
Aufeinander deuten.

3. von der dicken Kuh?
Hände auf den Bauch,

Die ist so dick, …
immer dicker werden.

4. vom dünnen Frosch?
Füße voreinander stellen,

Der ist so dünn, …
Arme an den Körper pressen.

(Refrain: s.o.)

Kennt ihr schon das Lied
Aufeinander deuten.

5. vom lautem Schwein?
Hände als Lautsprecher vor den Mund halten.

Das ist so laut, …

6. vom stummen Fisch?
Zeigefinger vor den Mund halten.

Der ist so stumm, …

(Refrain: s.o.)

Kennt ihr schon das Lied   Aufeinander deuten.
7. vom starken Bär?   Angewinkelte Arme anspannen,
Der ist so stark, …   Fäuste machen.
8. vom bösen Wolf?   Die Finger zu Krallen krümmen.
Der ist so bös, …

(Refrain: s. o.)

9. Kennt ihr schon das Lied   In die Hocke gehen.
von der schnellen Maus? (2×)
Die ist schon weg!   In der Hocke schnell umdrehen.

Variante

Alle Kinder sitzen im Kreis und schon kann die Show beginnen: Immer ein bis zwei Erwachsene spielen zur Freude der Kinder im Innenkreis die Tiere, die im Lied vorkommen.

* Floh: hüpfen herum und kitzeln die Kinder gegebenenfalls kurz.
* Pferd: auf allen Vieren krabbeln und kurz so wie ein Pferd wiehern.
* Kuh: auf allen Vieren krabbeln und kurz so wie eine Kuh muhen.
* Frosch: hüpfen herum und kurz so wie ein Frosch quaken.
* Schwein: auf allen Vieren krabbeln und kurz so wie ein Schwein grunzen.
* Fisch: herumgehen und mit den Armen Schwimmbewegungen machen.
* Bär: schwerfällig gehen und kurz so wie ein Bär brummen.
* Wolf: auf allen Vieren krabbeln und die Hände/Finger zu Krallen formen und kurz so wie ein Wolf heulen.
* Maus: auf allen Vieren schnell aus dem Innenkreis herauskrabbeln.

Max, der kleine Floh

Alter: ab 1 Jahr

Die Spielleitung bildet mit den Kindern einen Kreis, hebt ihren Zeigefinger in die Luft und bewegt ihn – wie beschrieben – zum nachfolgenden Vers:

„Auf der Faschingsfeier hüpft Max der kleine Floh. Er ist winzig klein und springt auf meinen Po!"

Mit dem Zeigefinger auf den Po deuten.

Max, der kleine Floh, mag die Leute. Wir sind auch hier viele Leute heute!"

Alle zehn Finger herzeigen, zappeln lassen. Sich gegenseitig kitzeln.

Schaukel, kleiner Faschingsbär!

Alter: ab 1 Jahr
Material: 1 großes Bettlaken, 1 Teddy, Luftschlangen

Zwei Erwachsene spannen ein Bettlaken zwischen sich auf. Die Spielleitung wickelt um den Hals eines Teddys ein paar Luftschlangen und setzt den Teddy auf das Bettlaken. Sie lädt zwei Kinder ein, ebenfalls auf der Schaukel Platz zu nehmen. Behutsam bewegt sich die Schaukel zum folgenden Vers hin und her:

„Der Faschingsbär schaukelt hin und her.
… (Vorname(n) einsetzen) mach(t/en) mit, das gefällt ihm sehr!"

Nach einer Weile machen die Kinder auf der Schaukel Platz für andere Kinder, die ebenfalls geschaukelt werden wollen.

Wunderkissen

Alter: ab 1 Jahr
Material: pro Kind 1 kleiner Kissenüberzug oder 1 kleine Stofftasche o. Ä., Luftschlangen, Papierschnipsel, Konfetti, Toilettenpapier & Co.

Die Spielleitung füllt die Kissenüberzüge oder Stofftaschen mit bereits auseinandergepusteten Luftschlangen, Papierschnipseln und anderen weichen unbedenklichen Kleinigkeiten. Die Kinder bilden um die Sachen herum einen Sitzkreis. Alle krabbeln oder laufen zu den Kissen und Stofftaschen, um die Sachen auf irgendeine Art herauszuholen. Die Spielleitung macht mit, indem sie z. B. ein Kissen über den Kopf hält, sodass ein großer Teil des Inhalts über ihren Kopf geschüttet wird. Sie kann auch das, was sie herausholt, einfach in die Luft werfen und somit überall im Raum verstreuen.

Dabei greift sie auch die Ideen der Kinder auf und animiert sie so, möglichst viel miteinander auszuprobieren.

Variante ab 3 Jahren

Die Spielleitung legt ein Kissen in die Kreismitte. Zwei bis drei Kinder begeben sich in die Kreismitte, um gemeinsam auf ein Kommando der Gruppe hin den Inhalt, wie z. B. Konfettis und Luftschlangen, herauszuholen. In einem einzigen großen Tohuwabohu bewerfen sie die anderen Gruppenmitglieder mit den Sachen.

Ende des Krippen-Faschings

Die Faschingsfeier ist nun aus!

Alter: ab 1 Jahr

Die Spielleitung bildet mit den Kindern einen Sitzkreis und macht ihnen folgendes Fingerspiel vor, das sie so gut wie möglich sofort mitmachen:

„Die Faschingsfeier ist nun aus.	Eine Faust bilden.
Als Erster geht der Floh nach Haus!"	Und den Daumen ausstrecken.
„Die Faschingsfeier ist nun aus.	Eine Faust bilden,
Als Zweiter geht das Pferd nach Haus!"	den Daumen und Zeigefinger ausstrecken.

Hinweis: Auf diese Weise kommen auch sechs weitere Tiere wie „Kuh", „Frosch", „Schwein", „Fisch", „Bär" und „Wolf" hinzu, sodass schließlich acht Finger ausgestreckt sind.

Zum Schluss sagt die Spielleitung den Kindern laut:

„Blitzschnell geht als Letztes die Maus nach Haus. Und unsere Faschingsfeier? Sie ist jetzt aus!"	Neun Finger ausstrecken. Alle winken, stehen auf und verlassen den Kreis.

Jecke Kids & 1A-Stimmung

Die allermeisten Kindergartenkinder sind mit großem Eifer dabei, wenn sie sich verkleiden und schminken dürfen. Die Vorlieben der Kinder können jedoch sehr unterschiedlich sein, sodass eine Karnevalsfeier, bei der die Kinder selbst ihr Kostüm auswählen dürfen, den Kindern besonders viel Spaß macht. In Kindergärten sind dabei i. d. R. Spielzeugwaffen jeglicher Art verboten. Darüber sollten Eltern rechtzeitig informiert werden, damit es keine Tränen gibt, wenn z. B. der kleine Sheriff seinen Colt im Kindergarten abgeben muss.

Im Folgenden werden kurze Einheiten für den Kita-Karneval vorgestellt, die sich besonders gut für Kinder ab dem 3. Lebensjahr eignen und aus denen leicht ein komplettes Programm zusammengestellt werden kann: Die Kinder starten im Morgenkreis, der ca. 20 Minuten dauert. Es gibt dann eine längere Pause, die die Kinder z. B. am Frühstückstisch verbringen oder zum Spielen verwenden können. Danach beginnt der zweite Teil des Programms, der ebenfalls ca. 20 Minuten dauert und im Abschlusskreis endet.

Einladen und Dekorieren

Luftballon-Clowns als Einladung

Die lustigen Luftballon-Clowns können auch super als Dekoration für den Gruppenraum verwendet werden. Einfach mehrere Luftballon-Clowns in Blumentöpfe, Vasen o. Ä. stecken und auf den Gruppenraum verteilen!

Alter: ab 3 Jahren

Material: pro Kind 1 Malkittel, 1 einfarbiger Luftballon, 1 Luftballonstab und 1 Pinsel, 1 A5-Tonpapierblatt in Gelb, Orange, Pink, Hellblau oder Hellgrün, Acrylfarben, 1 Luftballonpumpe, Luftschlangen, Scheren, Bleistift, Lineal, Klebeband, Konfettis, Klebstoff, Kopierer

Und so geht's:

1. Die Spielleitung bläst für jedes Kind einen Luftballon auf und verknotet ihn.

2. Sie bringt einen Luftballonstab an jedem Luftballon an.

3. Die Kinder pusten die Luftschlange ordentlich auseinander und kleben sie mithilfe des Klebebands als Haare am Luftballon fest.

4. Die Spielleitung zeichnet für jedes Kind eine große Clownsfliege auf, die so groß ist, dass der Einladungstext (➜ unten) drauf passt. Die Kinder schneiden die Fliege aus.

5. Die Spielleitung kopiert für alle das Einladungsschreiben, das jedes Kind ausschneidet und auf seine Clownsfliege klebt. Sie ergänzt noch den Tag und die Uhrzeit auf dem Einladungsschreiben.

6. Jedes Kind klebt noch ein paar Konfettis auf seine Fliege, die es dann unterhalb seines Luftballons auf dem Luftballonstab mithilfe des Klebebands befestigt.

7. Die Kinder ziehen ihre Malkittel an und malen je ein lustiges Gesicht auf ihre Ballons.

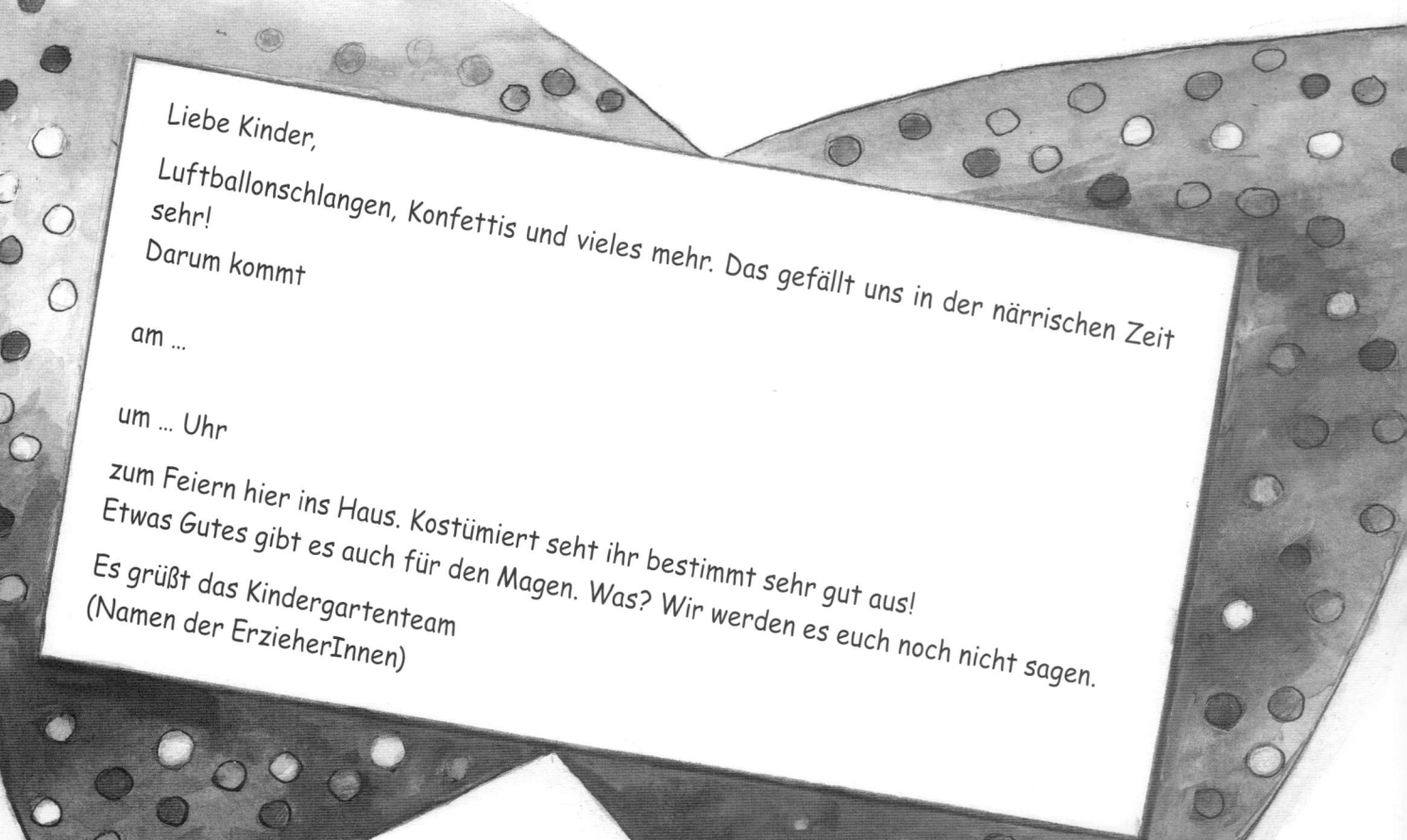

Liebe Kinder,

Luftballonschlangen, Konfettis und vieles mehr. Das gefällt uns in der närrischen Zeit sehr!
Darum kommt

am ...

um ... Uhr

zum Feiern hier ins Haus. Kostümiert seht ihr bestimmt sehr gut aus!
Etwas Gutes gibt es auch für den Magen. Was? Wir werden es euch noch nicht sagen.
Es grüßt das Kindergartenteam
(Namen der ErzieherInnen)

Farbenfrohe Fenstergesichter

Alter: ab 3 Jahren
Material: pro Kind 1 Malkittel, Papierreste, Indianerfedern (ca. 12–17 cm), Fingerfarben, Bleistifte, Scheren, Klebeband

Die Kinder ziehen ihre Malkittel an und malen auf die Fensterscheibe lustige, schöne und bunte Gesichter. Je nachdem, ob es sich bei dem Gesicht um einen Clown, eine Prinzessin oder um einen Indianer handelt, können auch verschiedene Kopfbedeckungen gebastelt und über dem Kopf aufgeklebt werden: Für einen Clown können die Kinder aus Papierresten z. B. einen dreieckigen Hut ausschneiden oder für die Prinzessin eine Krone. Für einen Indianer bieten sich zwei bis drei Indianerfedern an, die die Kinder über das Indianer-Gesicht auf die Fensterscheibe kleben.

Papierschnipsel-Hüte

Alter: ab 3 Jahren
Material: pro Kind 1 Papptellerhälfte, Papierreste, Klebstoff, Schere, Heftapparat, ggf. Luftschlangen

Die Spielleitung schneidet die Pappteller in der Mitte durch.
Jedes Kind bekommt eine Tellerhälfte, die es ganz nach Belieben mit Papierschnipseln bekleben kann.
Die Spielleitung formt den Halbkreis zu einem Kegel. Die beiden übereinanderstehenden Seiten heftet sie am Rand zusammen.
Die lustigen Hüte verteilen die Kinder auf den Fensterbänken, Tischen und Regalen. Außerdem können sie ein paar Luftschlangen ordentlich auseinanderpusten, die sie dekorativ um die Hüte herumlegen.

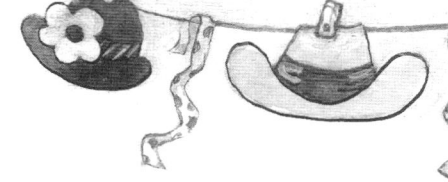

Girlanden aus Papierhüten

Alter: ab 3 Jahren
Material: Wachsmalstifte, Paketschnur, Scheren, Luftschlangen, Reißnägel oder Klebeband, Wäscheklammern, Kopierer

Die Spielleitung kopiert die Motive (➜ S. 34), schneidet sie aus und vergrößert sie mindestens sechsmal auf A4 mit dem Kopierer.
Die Kinder malen die Motive mit Wachsmalstiften aus und schneiden sie entweder alleine oder mithilfe der Spielleitung aus.
Sie falten die beiden Motive so, dass diese exakt aufeinanderliegen. Den Falz drücken sie gut flach.

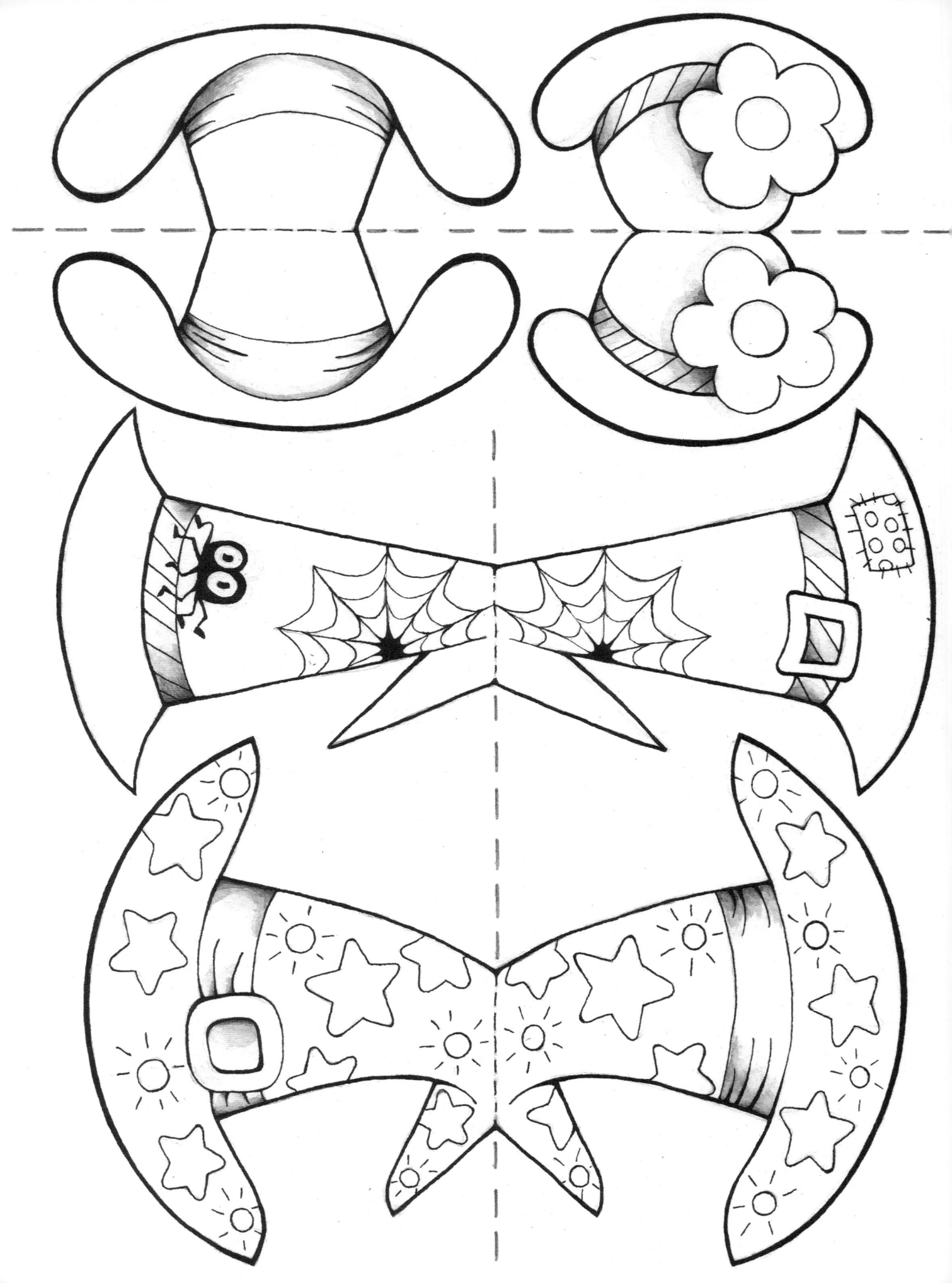

Die Spielleitung schneidet ein ca. 5 m langes Stück Schnur ab, dessen Schnurenden sie so wie eine Wäscheleine z. B. an der Decke oder am Fensterrahmen befestigt.

Sie hängt die Motive mit dem Falz über die Schnur und befestigt sie zusätzlich mit jeweils einer Wäscheklammer. Dabei achtet sie auch darauf, dass die einzelnen Motive auf der Schnur nicht zu nah beisammenhängen. In der Zwischenzeit pusten die Kinder ein paar Luftschlangen ordentlich auseinander und drapieren sie zwischen den einzelnen Motiven auf der Schnur, sodass sie sich lustig von der Schnur herunterkräuseln.

60-Sekunden-Deko

Alter: ab 3 Jahren
Material: 4–5 unterschiedliche Faschingsartikel (wie z. B. Luftschlangen, große und kleine Indianerfedern, Konfettis und Papiertröten), 1 Stoppuhr oder 1 Uhr mit Sekundenzeiger

Alle Kinder bilden einen Kreis. Die Spielleitung legt in die Kreismitte z. B. jede Menge Luftschlangen. Auf los geht's los! Die Kinder holen sich die Luftschlangen o. Ä. pusten sie ordentlich auseinander und verteilen sie möglichst schnell überall im Raum. Dabei können die Luftschlangen z. B. an Türgriffen, Schränken und Fenstern befestigt oder dekorativ um Blumentöpfe auf der Fensterbank gelegt werden. Nach 60 Sekunden pfeift die Spielleitung das Spiel ab. Sind alle Luftschlangen verteilt worden oder sind noch welche übrig geblieben? Auf Kommando der Spielleitung hin startet die nächste Spielrunde, jetzt sind z. B. die Indianerfedern an der Reihe.

Das Spiel endet, wenn alle Faschingsartikel im Raum verteilt wurden. Ist aus den Spielrunden noch etwas übrig geblieben, verteilen die Kinder die letzten Faschingsartikel ganz in Ruhe im Raum.

Hinweis: Das flotte Dekorieren kann auch als Spiel in die Feier eingebunden werden.

Morgenkreis in der Karnevalszeit

 **Faschingszeit**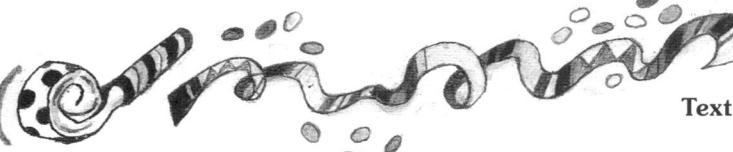

Nr. 2

Text und **Musik:** Anke Drape

„Das folgende Mitmachlied eignet sich hervorragend, um die Kinder im Kreis auf die Faschingsfeier so richtig einzustimmen. Dabei können die Kinder miteinander warm werden und so ganz nebenbei verschiedene Kostüme entdecken. Alternativ kann auch das Lied „Hallo, Kinder, kommt herein" (➜ S. 22) gesungen werden.

Material: 1 Kiste mit ausrangierten Kleidungsstücken, alten Faschingskostümen und passenden Accessoires

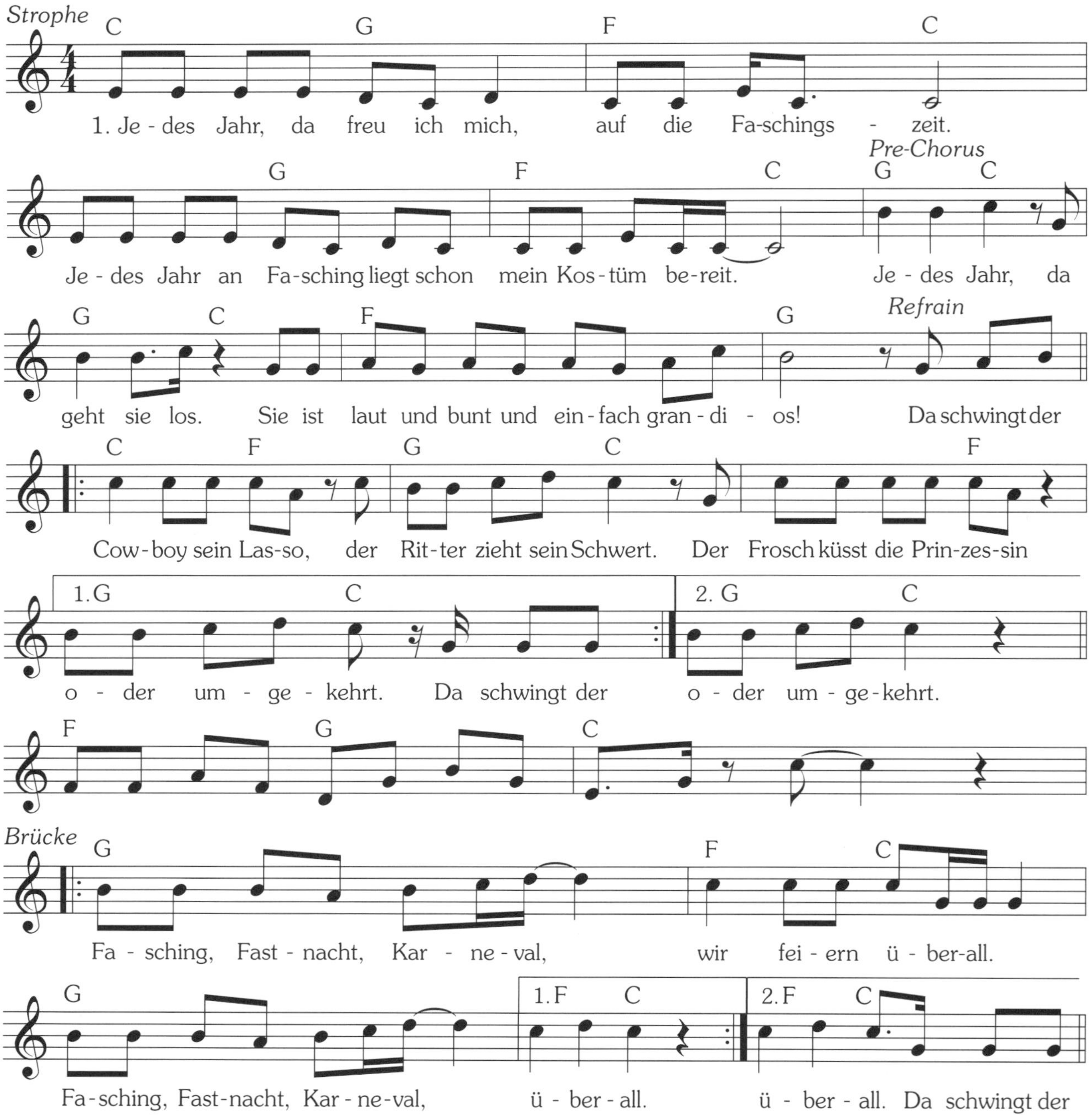
Strophe
C G F C
1. Je - des Jahr, da freu ich mich, auf die Fa-schings - zeit.
G F C
Je - des Jahr an Fa-sching liegt schon mein Kos - tüm be-reit.
Pre-Chorus
G C
Je - des Jahr, da
G C F G
geht sie los. Sie ist laut und bunt und ein - fach gran - di - os!
Refrain
Da schwingt der
C F G C F
Cow-boy sein Las-so, der Rit-ter zieht sein Schwert. Der Frosch küsst die Prin-zes-sin
1.G C
o - der um - ge - kehrt. Da schwingt der
2. G C
o - der um - ge - kehrt.
F G C
Brücke
G F C
Fa - sching, Fast - nacht, Kar - ne - val, wir fei - ern ü - ber-all.
G
Fa-sching, Fast-nacht, Kar - ne-val,
1.F C
ü - ber - all.
2.F C
ü - ber - all. Da schwingt der

Spielanregung

Die Spielleitung stellt die Kiste in die Kreismitte. Alle singen und bewegen sich gemeinsam zum Lied:

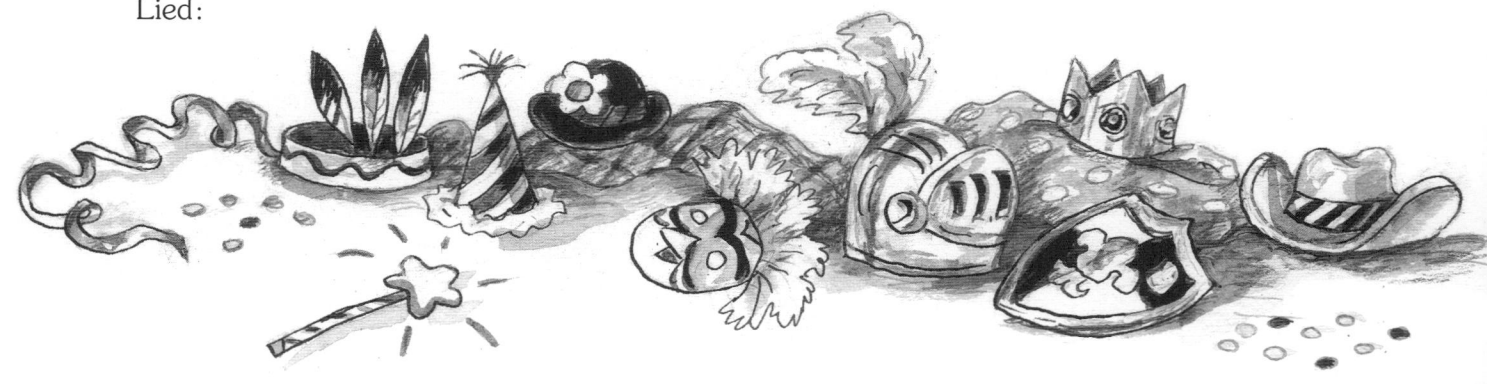

*1. Jedes Jahr, da freu ich mich,
auf die Faschingszeit.
Jedes Jahr an Fasching liegt
schon mein Kostüm bereit.
Jedes Jahr, da geht sie los.
Sie ist laut und bunt und einfach
grandios.*

Refrain:

*Da schwingt der Cowboy sein
Lasso, der Ritter zieht sein
Schwert.
Der Frosch küsst die Prinzessin
oder umgekehrt. (2×)*

*2. Jedes Jahr, da feiern wir,
wir fangen ganz früh an.
Und abends gehen wir nicht ins
Bett, wir denken gar nicht dran.
Und jedes Jahr, da geht sie los …*

(Refrain: s. o.)

*3. Jedes Jahr, da drehen wir
durch, man hört uns weit und
breit.
Wir vertreiben böse Geister in der
dunklen Jahreszeit.
Und jedes Jahr, da geht sie los …*

(Refrain: s. o.)

Brücke:

*Fasching, Fastnacht, Karneval, wir
feiern überall. Fasching, Fastnacht, Karneval, überall.*

(Refrain: s. o.)

Arme in die Luft strecken.

Auf die Kiste in der Kreismitte deuten.

Mit den Händen auf die Oberschenkel patschen.

Imaginäres „Lasso" schwingen,
an die Hüfte greifen, „Schwert" ziehen.

Sich Küsse mit der Hand zuhauchen.

Mit Zeigefinger aufeinander deuten.
Kopf schütteln.
s. o.

Mit den Händen laut auf die Oberschenkel patschen.

Hände vom Körper wegdrücken.

s. o.

Mit Zeigefinger in die Runde zeigen.

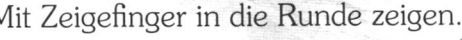

Karnevals-Modenschau

🔊 Nr. 2   *Lied: Faschingszeit (→ S. 35)*

Alter: ab 3 Jahren
Material: evtl. CD-Player und CD

Alle Kinder sitzen zusammen im Stuhlkreis. Die Spielleitung wählt ein beliebiges Kind aus, das z. B. als Pirat verkleidet ist. Sie sagt:

„Auf der Karnevals-Modenschau kann man bei uns heute ganz viel sehen. Wer wird wohl als Pirat oder Piratin auf den Laufsteg gehen?"

Alle kleinen Piraten dürfen einmal im Uhrzeigersinn im Innenkreis herumgehen. Sitzen alle wieder am Platz, wählt die Spielleitung ein Kind mit einem anderen Kostüm aus, um die Modenschau fortzusetzen.

Bei Kindern, die ein Fantasiewesen darstellen oder keine bestimmte Rolle spielen wollen, sagt die Spielleitung laut:

„Auf der Karnevals-Modenschau kann man bei uns heute ganz viel sehen. Wer wird wohl am Schluss als Fantasiewesen auf den Laufsteg gehen? (oder: Wer wird ganz am Schluss einfach so auf den Laufsteg gehen?)"

Am Ende soll jedes Kind sich einmal der Gruppe in seinem Kostüm präsentiert haben!

Variante ab 4 Jahren

Die Gruppe kniet sich im Innenkreis auf den Boden. Wer möchte, steigt auf einen freien Stuhl und geht im Uhrzeigersinn auf den Stühlen einmal im Kreis herum, um sich der Gruppe im Kostüm zu präsentieren. Während der Karnevals-Modenschau lässt die Spielleitung die Musik laufen. Die Kinder, die im Innenkreis auf dem Boden knien, singen kräftig mit und patschen im Takt zur Musik auf ihre Oberschenkel.

Wir sind Indianer

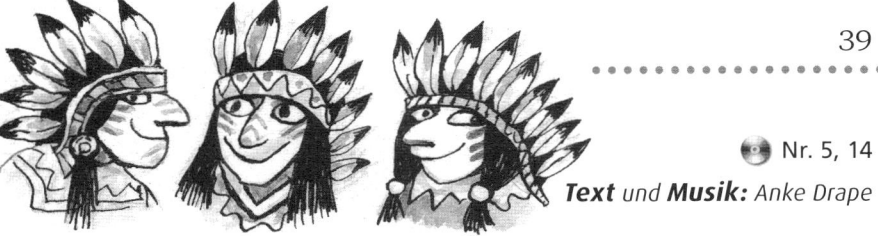

Nr. 5, 14

***Text** und **Musik:** Anke Drape*

Material: pro Kind 1 große Indianerfeder (ca. 25–30 cm), CD-Player und CD

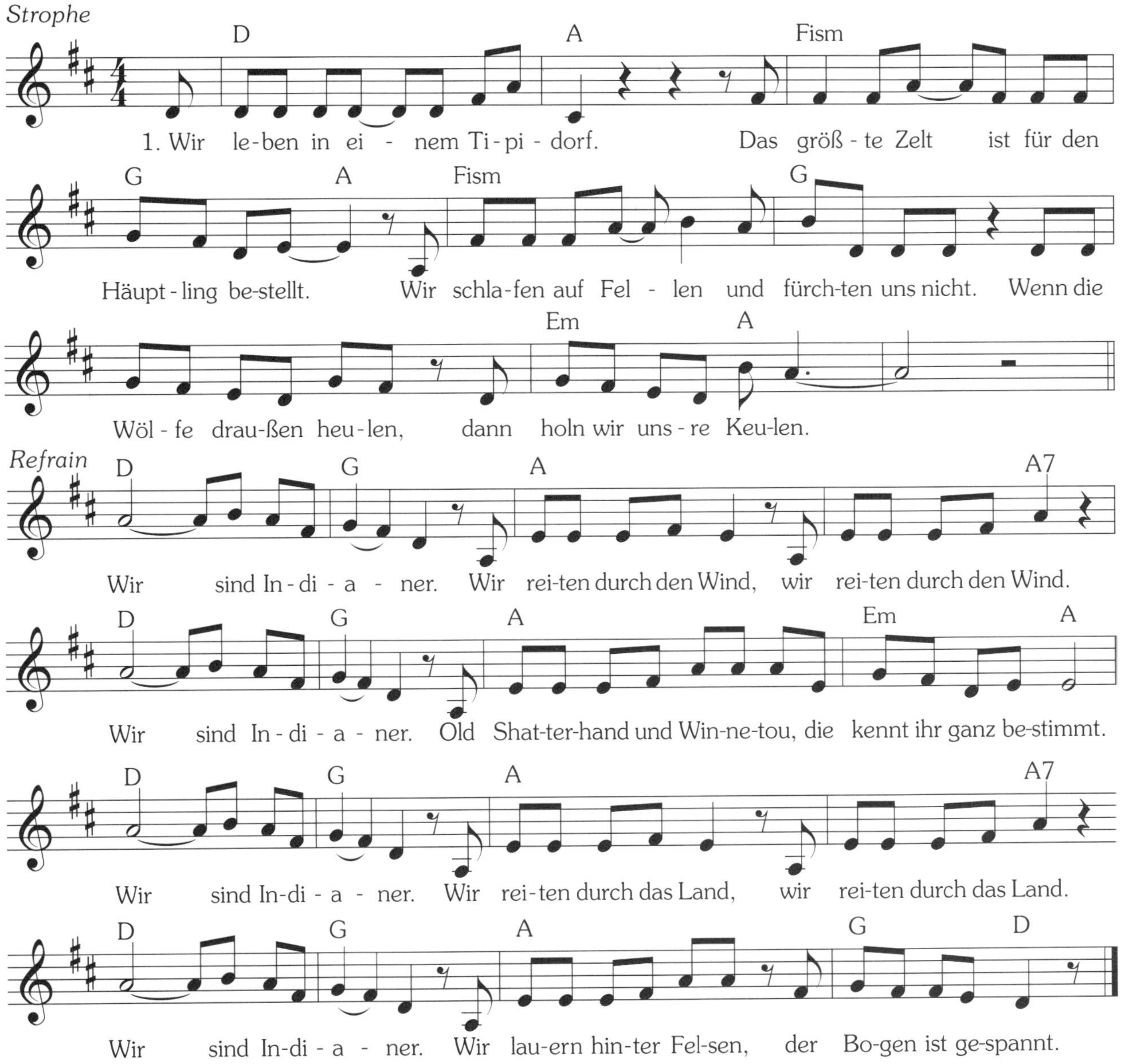
Strophe
D A Fism
1. Wir le-ben in ei - nem Ti-pi - dorf. Das größ - te Zelt ist für den
G A Fism G
Häupt - ling be-stellt. Wir schla-fen auf Fel - len und fürch-ten uns nicht. Wenn die
Em A
Wöl - fe drau-ßen heu - len, dann holn wir uns - re Keu-len.
Refrain
D G A A7
Wir sind In - di - a - ner. Wir rei-ten durch den Wind, wir rei-ten durch den Wind.
D G A Em A
Wir sind In - di - a - ner. Old Shat-ter-hand und Win-ne-tou, die kennt ihr ganz be-stimmt.
D G A A7
Wir sind In-di - a - ner. Wir rei - ten durch das Land, wir rei-ten durch das Land.
D G A G D
Wir sind In-di - a - ner. Wir lau-ern hin-ter Fel-sen, der Bo-gen ist ge-spannt.

Spielanregung

Die Spielleitung stellt Stühle zu einem Stuhlkreis auf. Die Lehnen zeigen zur Kreismitte. Alle Kinder sitzen rittlings auf ihren Stühlen im Kreis beisammen. Die Stühle stellen die Pferde dar. Gemeinsam singen sie und bewegen sich zum Lied:

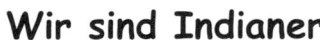

1. Wir leben in einem Tipi-Dorf. Das größte Zelt ist für den Häuptling bestellt.
Wir schlafen auf Fellen und fürchten uns nicht.
Wenn die Wölfe draußen heulen, dann holen wir unsre Keulen.

Aufeinander deuten.
Über dem Kopf die Hände zu einem Dach formen.

Sich rittlings auf einen Stuhl setzen, mit dem Kopf auf den Armen auf der Stuhllehne ruhen.
Imaginäre „Keule" unter dem Stuhl hervorholen. Aufstehen, die „Keule" herzeigen.

Refrain:

Wir sind Indianer. Wir reiten durch den Wind, wir reiten durch den Wind.
Wir sind Indianer. Old Shatterhand und Winnetou, die kennt ihr ganz bestimmt.
Wir sind Indianer. Wir reiten durch das Land, wir reiten durch das Land.
Wir sind Indianer. Wir lauern hinter Felsen, der Bogen ist gespannt.

Hintereinander links im Außenkreis herumlaufen.

Indianerfeder mit einer Hand hinter dem Kopf hochhalten.
s. o.

Hinter einem freien Stuhl verstecken und imaginären „gespannten Bogen" in der Hand halten.

2. Lange Federn schmücken unser Haar. Mit Masken und Bändern und bunten Gewändern singen und tanzen wir ganz laut.
Wir verjagen Ungeheuer, nachts am Lagerfeuer.

Aufstehen, auf die Indianerfedern, das Gesicht, die Stirn und die Kleidung deuten.

Auf das „Lagerfeuer" deuten.

(Refrain: s. o.)

3. Großer Adler, Donner, weißer Blitz, sind die besten Pferde aus der ganzen Herde.
Mit Pfeil und Bogen schießen wir.
Wir feiern unseren Sieger, wir sind die besten Krieger.

Sich rittlings auf den Stuhl setzen, mit dem Zeigefinger auf drei weitere Stühle deuten.

Mit den imaginären „Pfeilen und Bogen" schießen.
Aufstehen, mit dem Zeigefinger auf andere Kinder in der Runde deuten.

(Refrain: s. o.; zur **Brücke** stimmen die Kinder Indianergeheul an.)

Mein rechtes Pferd ist frei ...

Das Spiel verläuft so ähnlich wie das altbekannte Spiel „Mein rechter, rechter Platz ist leer". Die Stühle im Stuhlkreis stellen die Pferde dar.

Alter: ab 3 Jahren

Die Spielleitung stellt Stühle in der Anzahl der Kinder plus zusätzlichem Stuhl im Stuhlkreis auf. Die Lehnen zeigen in die Kreismitte. Die Kinder setzen sich rittlings auf die Stühle. Dasjenige Kind, dessen rechter Platz frei ist, schaut sich in der Runde um und wählt ein beliebiges Kind aus, indem es z. B. sagt:

„Mein rechtes, rechtes Pferd ist frei, ich wünsche mir Ritter Heiko herbei!"

Das angesprochene Kind wechselt den Platz. Weiter geht's mit dem Kind, dessen rechter Platz gerade frei geworden ist. Es sagt z. B.:

„Mein rechtes, rechtes Pferd ist frei, ich wünsche mir Prinzessin Anastasia herbei!"

Nach ein paar Durchgängen ist das Spiel beendet.

Variante ab 5 Jahren

Das Kind, dessen rechter Platz frei ist, ruft zwei Kinder auf, die sich auf sein Kommando hin blitzschnell auf das „freie Pferd" setzen dürfen. Das Kind, das zu langsam war, geht auf seinen Ausgangsplatz zurück.

Wilder Indianer-Ritt

Nr. 14

Lied: *Wir sind Indianer (Instrumental [→ S. 39])*

Alter: ab 3 Jahren
Material: pro Kind 1 große Indianerfeder (ca. 25–30 cm), CD-Player und CD oder 1 Handtrommel

Die Spielleitung stellt Stühle zu einem Stuhlkreis auf. Die Lehnen zeigen zur Kreismitte. Alle Kinder sitzen im Kreis rittlings auf ihren Stühlen. Die Stühle stellen Pferde dar. Die Kinder heben im Takt zur Musik oder zum Trommelspiel der Spielleitung kurz ihren Po an und tun dabei so, als ob sie auf einem Pferd reiten würden. Stoppt die Musik, müssen sie blitzschnell ruhig sitzen bleiben. Danach übergibt die Spielleitung ein paar Kindern jeweils eine Indianerfeder. Eine neue Spielrunde beginnt. Halten alle Kinder eine Indianerfeder in der Hand, ist das Spiel aus.

Variante ab 5 Jahren

Im Gegensatz zu oben müssen alle Kinder, sobald die Musik oder das Trommelspiel stoppt, blitzschnell von ihren „Pferden" aufspringen. Das schnellste Kind erhält eine Indianerfeder und eine neue Spielrunde beginnt. Kinder, die bereits eine Feder besitzen, dürfen zur Musik auf ihren „Pferden" reiten, bleiben aber sitzen, wenn die Musik stoppt. Das Spiel endet ebenfalls, wenn alle Kinder eine Indianerfeder haben.

Großer Adler, Donner und weißer Blitz

Nr. 5 *Lied: Wir sind Indianer (→ S. 39)*

Alter: ab 3 Jahren
Material: pro Kind 1 große Indianerfeder (ca. 25–30 cm), CD-Player und CD oder 1 Handtrommel

Alle Kinder bis auf drei bilden einen Stuhlkreis. Die Stuhllehnen zeigen in die Kreismitte. Die Stühle stellen die Pferde dar. Zum Rhythmus der Musik oder des Trommelspiels der Spielleitung laufen alle Kinder links im Außenkreis herum. Dabei halten sie ihre Indianerfedern mit einer Hand hinter dem Kopf hoch. Drückt die Spielleitung die Pausentaste des Abspielgeräts, setzen sich die Kinder so schnell wie möglich rittlings auf ein freies „Pferd". Es fehlen die Pferde „großer Adler", „Donner" und „weißer Blitz". Diejenigen Kinder, die keinen freien Platz gefunden haben, versuchen ihr Glück in der nächsten Spielrunde. Das Spiel ist aus, sobald die Musik beendet ist.

Bist du ein Clown?

Alter: ab 3 Jahren
Material: 1 ulkiger Hut, 1 rote Pappnase oder 1 Clownsfliege

Alle Kinder sitzen bequem auf ihren Stühlen im Stuhlkreis beisammen. Die Spielleitung übergibt einem beliebigen Kind irgendetwas, das auf einen Clown hindeutet. Das kann z. B. ein ulkiger Hut sein. Während nun die Kinder die folgenden ersten beiden Zeilen gemeinsam aufsagen, reichen sie den ulkigen Hut von Hand zu Hand im Uhrzeigersinn herum:

„Bist du ein Clown oder nicht?
Bist du ein Riese oder Wicht?"

Dasjenige Kind, das als Letztes den ulkigen Hut in den Händen hält, verrät, was es durch sein Kostüm darstellt. Sollte es einen Clown darstellen, sagt es laut:

„Ich bin ein Clown!"

Erst, wenn alle Kinder zumindest einmal eine Antwort geben konnten, ist das Spiel beendet.

Spiele für zwischendurch

Munteres Kostümeraten

Nr. 2 **Lied:** *Faschingszeit (➜ S. 35)*

Alter: ab 3 Jahren
Material: pro Kind 1 Papierschnipsel-Hut
(➜ S. 33), CD-Player und CD oder
1 Handtrommel

Die Kinder verteilen ihre kunterbunten Hüte aus Pappe überall auf dem Boden. Sie bilden hinter der Spielleitung, die gegebenenfalls eine Handtrommel in den Händen hält, eine lange Schlange und halten das vordere Kind an den Hüften fest. Zum Rhythmus der Musik oder des Trommelspiels laufen alle Cowboys, Hexen & Co. hinter der Spielleitung her, die sie im Slalom um die Hüte herumführt. Ist die Musik beendet, bildet sie gemeinsam mit den Kindern einen geschlossenen Kreis. Stehen alle im Kreis beisammen, lassen sie sich gegenseitig los. Das Kind, das links neben der Spielleitung steht, tritt einen Schritt hervor. Vielleicht können die anderen anhand des Kostüms erraten, was das Kind darstellt? Ist das Rätsel gelöst, stellt sich das Kind wieder auf die Kreisbahn zurück. Das Kind, das links neben ihm steht, setzt das Spiel auf die gleiche Art fort. Das Spiel ist beendet, wenn jedes Kind sich in seinem Kostüm vorstellen konnte und die Kostüme von den übrigen Kindern erraten werden konnten.

Wo ist die Papiertröte?

Alter: ab 3 Jahren
Material: pro Kind 1 Papierschnipsel-Hut
(➜ S. 33), Kleinigkeiten für das Hutversteck
(z. B. Papiertröten, Luftschlangen und
Luftballons), evtl. Luftballonpumpe

Die Kinder stellen die kunterbunten Papierschnipsel-Hüte umgedreht überall auf den Boden. Während sie ihre Augen schließen, legt die Spielleitung unter ein paar Hüte z. B. jeweils eine Papiertröte.
Auf los geht's los. Die Kinder laufen so schnell wie möglich zu den Hüten und suchen nach den Papiertröten. Hat ein Kind eine Tröte gefunden, darf es sie zur Belohnung behalten. Alle anderen Kinder dürfen ihr Glück in der nächsten Spielrunde erneut versuchen. Dieses Mal legt die Spielleitung z. B. Luftschlangen unter ein paar Hüte.
Haben alle Kinder etwas Schönes unter den Hüten gefunden, dürfen sie nach Lust und Laune z. B. tröten, Luftschlangen werfen oder mit den Luftballons spielen. Die Spielleitung hilft zuvor beim Aufblasen der Luftballons.

Manege frei für Luftballons

🔵 Nr. 15 *Lied: Flummi-Song (Instrumental [→ S. 8])*

Alter: ab 3 Jahren
Material: pro Kind 1 Luftballon,
1 Luftballonpumpe, CD-Player und CD oder
1 Tamburin

Die Spielleitung bläst für jedes Kind einen Luftballon auf und verknotet das Mundstück. Zum Rhythmus der Musik oder des Tamburinspiels der Spielleitung laufen oder tanzen die Kinder z.B. mit ihren Luftballons durch den Raum oder werfen sie am Platz in die Luft und fangen sie wieder auf. Drückt die Spielleitung die Pausentaste des Abspielgeräts, bleiben alle Kinder sofort stehen. Ruft die Spielleitung z.B. *„Der Prinz Mohammed ist jetzt dran!"*, darf das Kind, das Mohammed heißt und als Prinz verkleidet ist, den anderen Kindern ein Kunststück mit dem Luftballon zeigen, z.B. den Luftballon mit einem Finger in die Luft stupsen. Alle Kinder machen es so lange nach, bis die Musik wieder erklingt. Nach ein paar Spielrunden wird die Musik ganz ausgestellt und das Spiel ist beendet.

Variante ab 5 Jahren

Zum Rhythmus der Musik experimentieren die Kinder mit ihren Luftballons. Stoppt die Musik, muss jedes Kind so schnell wie möglich seinen Luftballon schnappen und sich auf den Boden knien. Die Spielleitung schaut sich in der Gruppe um und ruft eines von den Kindern auf, die besonders schnell reagiert haben. Das betreffende Kind macht etwas mit seinem Luftballon vor, das die übrigen Kinder sofort nachahmen. Danach beginnt eine neue Spielrunde mit Musik.

Tierischer Luftballon-Transport

Alter: ab 3 Jahren
Material: pro Kind 1 Luftballon, 1 Stoppuhr oder 1 Uhr mit Sekundenzeiger, 1 Luftballonpumpe

Die Spielleitung pustet alle Luftballons auf, verknotet die Enden und verteilt sie auf dem Boden. Auf los geht's los. Die Kinder spielen Hunde. Sie krabbeln auf allen Vieren los, um die Luftballons mit ihrem Kopf anzustoßen, und zwar so, dass sie im Raum herumfliegen. Wie lange wird es wohl dauern, bis alle Luftballons unter den Tischen liegen. Die Spielleitung stoppt die Zeit.
In der nächsten Spielrunde versuchen sie noch schneller mit den Luftballons den Zielort zu erreichen.

Variante ab 5 Jahren

Zwei gleich große Gruppen treten gegeneinander an. Jede Gruppe bekommt von der Spielleitung einen Tisch zugewiesen. Auf los geht's los.

Die Kinder krabbeln auf alle Vieren los. Welche Gruppe wird wohl die meisten Luftballons unter seinem Tisch platzieren? Die betreffende Gruppe gewinnt die Spielrunde. Es gibt natürlich noch eine Revanche.

Luftballons, Tücher & Co.

Alter: ab 3 Jahren
Material: pro Kind 1 Luftballon, Chiffontuch und 1 Luftschlange, 1 Papiertröte, evtl. 1 Luftballonpumpe

Die Spielleitung pustet alle Luftballons auf, verknotet die Enden und verteilt sie auf dem Boden. Zusätzlich legt sie noch Chiffontücher und Luftschlangen um die Luftballons herum.
Auf Anweisung der Spielleitung hin darf sich jedes Kind einen Luftballon suchen. Die Kinder spielen so lange mit den Luftballons, bis die Spielleitung die Papiertröte erklingen lässt. Alle legen ihre Luftballons wieder auf dem Boden ab und die Spielleitung nennt den nächsten Gegenstand mit dem sie experimentieren dürfen, z. B. Chiffontücher.
Haben die Kinder alle Sachen einmal ausprobiert, machen sie eine große Luftballon-, Chiffontuch- und Luftschlangenschlacht.

Spiele für den Abschlusskreis

Tschüss, Hexe!

Alter: ab 3 Jahren
Material: evtl. 1 Luftballon, 1 Papiertröte

Alle Kinder stehen zusammen in einem Kreis. Ein beliebiges Kind wendet sich seinem linken Nachbarskind zu, das z. B. eine Hexe darstellt. Es patscht dem Kind auf die rechte Schulter und sagt laut:

„Tschüss, Hexe …!" (Vorname des Kindes einsetzen)

Die Hexe wendet sich sogleich seinem linken Nachbarskind zu und verabschiedet es in der gleichen Weise. Sind alle Kinder einmal verabschiedet worden, ist die Karnevalsfeier aus und alle gehen vergnügt nach Hause.

Variante

Die Spielleitung pustet einen Luftballon auf und verknotet das Ende. Alle Kinder stehen im Kreis. Ein beliebiges Kind erhält den Luftballon, den es seinem linken Nachbarskind übergibt. Der Reihe nach reichen die Kinder den Luftballon im Kreis weiter. Trötet die Spielleitung mit der Papiertröte, verabschieden alle das Kind, das gerade den Luftballon in der Hand hält:

„Tschüss, Hexe …!" (Vorname des Kindes einsetzen)

Die Hexe startet eine neue Spielrunde und reicht den Luftballon erneut nach links weiter. Das Spiel ist beendet, sobald alle Kinder verabschiedet wurden.

Fliegender Abschied

Alter: ab 3 Jahren
Material: 3 Luftballons

Die Spielleitung pustet drei Luftballons auf und verknotet ihre Enden. Sie kickt einen der Luftballons mit dem Fuß in die Kreismitte und ruft laut *„Tschüss, …"* (Vornamen des Kindes einsetzten). Das ausgewählte Kind holt sich den Luftballon, kickt ihn ebenfalls zur Kreismitte und ruft laut:

„Tschüss, …!" (Vorname des Kindes einsetzen)

Das Spiel ist aus, sobald die Spielleitung das Spiel beendet und ganz laut *„Tschüss, ihr Karnevalskinder!"* ruft.

Närrische Bewegungs- und Tobespiele in der Turnhalle
Sportliche Jecken & turnende Narren

Turn- und Bewegungsstunden sind bei vielen Kindern, die ohnehin einen großen Bewegungsdrang haben, überaus beliebt.

Ein besonderes Highlight in der fünften Jahreszeit kann der Sport-Fasching sein, der mit einer oder mehreren Gruppen in der Turnhalle gefeiert wird. Damit jedoch alle Kinder gut mitmachen können, brauchen die Kinder nicht nur Turnschuhe, sondern auch Kostüme, mit denen sie besonders gut das Tanzbein schwingen und Sport treiben können.

Das nächste Kapitel enthält vielfältige Turn- und Bewegungsideen für kleine Narren und Jecken ab dem 3. Lebensjahr. Ein paar Eltern helfen nach Möglichkeit bei den sportlichen Aktivitäten mit. Wichtig: Die Eltern rechtzeitig fragen, ob sie Zeit haben! Um die Kinder nicht zu überfordern und zu sehr auszupowern, sollte der Bewegungsspaß in der Turnhalle nicht mehr als 45 Minuten dauern. Anschließend können die ErzieherInnen gemeinsam mit den Kindern in den Gruppenraum gehen, um miteinander zu frühstücken oder zu spielen. So können verschiedene Gruppen abwechselnd Sport-Fasching feiern und die Bewegungsbaustelle muss nur einmal am Morgen auf- und am Abend von der letzten Gruppe wieder abgebaut werden!

Einladen, Dekorieren und Aufbauen

Sport-Fasching-Einladungskarte

Alter: ab 3 Jahren
Material: pro Kind 1 A4-Tonpapierblatt in Gelb und 1 Schere, Kataloge und Prospekte zum Thema „Sport", „Essen" und „Feiern der närrischen Zeit", dicke Buntstifte, Klebstoff, Kopierer

Und so geht's:

1. Die Kinder falten ihre Tonpapierblätter in der Mitte so wie ein Buch zusammen.
2. Die Kinder schneiden zum Fasching passende Abbildungen aus den Katalogen und Prospekten aus.
3. Die Kinder schreiben entweder alleine oder mithilfe der Spielleitung in großen Druckbuchstaben das Wort „Einladung" auf die vordere Seite ihrer Einladungskarte. Dabei können sie für jeden Buchstaben eine andere Farbe verwenden.
4. Die Kinder machen eine Collage, indem sie die ausgeschnittenen Abbildungen rund um die Themen „Sport", „Essen" und „die fünfte Jahreszeit feiern" auf die vordere Seite ihrer Einladungskarte kleben.
5. Die Kinder öffnen ihre Karte und kleben den Einladungstext, den die Spielleitung für jedes Kind kopiert, auf die rechte Seite.

Liebe Kinder,

zum Sport-Fasching laden wir euch ein.
Es wird lustig! So muss es auch sein.
Bitte bringt alle eure Sportschuhe mit.
So bleiben wir auch in der Faschingszeit fit.
Kostümiert dürft ihr alle gerne mitmachen.
Bittet achtet auch auf sporttaugliche Sachen.
Wir bringen euch zum Essen und Trinken etwas mit.
So bleiben Körper, Geist und Seele garantiert fit.

Am …

um … Uhr

fängt der Sport-Fasching an.
Wir freuen uns auf euch! Bis dann!
Eure
(Namen der Erzieherinnen)

Clownsgesichter legen

Alter: ab 3 Jahren
Material: 4 Gymnastikreifen, Luftschlangen, Gymnastiksäckchen, kleine Bälle, Turnringe usw.

Die Kinder bilden vier gleich große Gruppen und suchen sich jeweils eine Ecke in der Turnhalle aus.

Die Spielleitung übergibt jeder Gruppe einen Gymnastikreifen, Luftschlangen, Gymnastiksäckchen, kleine Bälle und andere kleine Sachen aus den Regalen und Schränken der Turnhalle.

Die Aufgabe der Kinder besteht darin, ein lustiges Clownsgesicht auf den Boden zu legen. Die Reifen können die Gruppen z.B. für das Gesicht verwenden. Luftschlangen, die bereits auseinandergepustet wurden, eignen sich z.B. für die Haare des Clowns. Zwei Turnsäckchen können gut als Augen fungieren und ein kleiner roter Ball die Clownsnase darstellen. Der Turnring stellt z.B. den großen Clownsmund dar.

Der Fantasie der Kinder sind hier keine Grenzen gesetzt. Die Erwachsenen können aber gerne Ideen liefern, damit das lustige Clownsgesichter-Legen nicht ins Stocken gerät.

Piratenschiff

Alter: ab 3 Jahren
Material: 1 großer Hüpfball, 1 Chiffontuch, Papierreste in Schwarz und Rot, Bleistift, Scheren, doppelseitiges Klebeband, viele kleine Bälle, 1 kleiner Turnkasten, 1 A3-Tonpapierbogen in Schwarz, weiße Wachsmalstifte

Die Spielleitung zeichnet auf das schwarze Tonpapier eine große Augenklappe, die zu den Proportionen des „Piratenkapitänskopfs" passt (Hüpfball). Passend dazu zeichnet sie auf die schwarzen und roten Papierreste auch eine Nase, ein Auge und einen Mund.

Die Kinder schneiden alle Teile aus und kleben sie auf den Hüpfball.

Die Spielleitung bindet noch ein Tuch wie ein Stirnband am Halter des Hüpfballs fest.

Die Kinder drehen einen kleinen Turnkasten um (das Piratenschiff). Dort hinein legen sie kleinere Bälle (die Piraten) und nach oben den Piratenkapitänskopf, sodass dieser aus dem Schiff hervorschaut.

Um das Ergebnis perfekt zu machen, zeichnet die Spielleitung auf einem schwarzen Tonpapierbogen einen weißen Totenkopf auf, den die Kinder vorne auf den Kasten kleben.

Fertig ist das Piratenschiff.

Faschings-Bewegungsbaustelle

Ein paar ErzieherInnen und Eltern bauen die Bewegungsbaustelle vor dem Fest auf, die die Kinder dann unter deren Aufsicht benutzen dürfen. Ein paar ältere Kinder helfen beim Dekorieren mit.

Alter: ab 3 Jahren
Material: 5 Turnbänke, 1 Sprossenwand, jede Menge Luftballons, 4 kleine Turnkästen, 1 Kastendeckel, 15–17 blaue Fallschutzmatten, Schminkstifte und andere Schminkutensilien, Luftschlangen, Konfettis, ulkige Hüte, 3–4 Klettertaue, 8 Gymnastikreifen, 3 Rollbretter, 3 Springseile, Ratschen, Papiertröten, Indianerstirnband (➔ S. 9), Krone (➔ S. 18), Papierschnipsel-Hüte (➔ S. 33), 1 Trampolin, 1 Weichbodenmatte, Wolle, Schere, 1 Luftballonpumpe

Die Erwachsenen können die Bewegungsbaustelle folgendermaßen aufbauen:

1. Station: Sie hängen eine Turnbank in eine obere Sprosse einer Sprossenwand ein, sodass eine nicht zu steile schiefe Ebene entsteht, und sichern diese mit blauen Fallschutzmatten ab. Ein Erwachsener bläst einen Luftballon auf, verknotet das Mundstück und bindet einen ca. 20 cm langen Wollfaden an das Mundstück. Den Luftballon, den die Kinder mit der Hand erreichen sollen, bindet ein Erwachsener oberhalb der Turnbank an einer weiteren Sprosse der Sprossenwand fest.

2. Station: Sie stellen zwei Turnbänke der Länge nach ca. drei bis vier Meter parallel zwischen den herabhängenden Klettertauen auf und legen den Zwischenraum mit Fallschutzmatten aus. Zudem legen sie ein paar Schminkstifte, Luftschlangen, Konfettis und ulkige Hüte auf die beiden Turnbänke.

3. Station: Sie stellen zwei Turnbänke so parallel zueinander auf, dass sie an beiden Enden jeweils einen kleinen Kasten mit der kurzen Seite dazwischen stellen können. Sie blasen jede Menge Luftballons auf, deren Mundstücke sie verknoten und die sie zwischen den Turnbänken auf den Boden legen.

4. Station: Sie stellen jeweils eine von drei Fallschutzmatten zwischen Wand und zwei kleinen Kästen oder einfach einem längeren Kastendeckel auf und zwar so, dass die Fallschutzmatten sich wölben. In jeder dieser drei blauen „Höhlen" verstecken sie etwas, wie z. B. Luftschlangen, Konfettis und aufgeblasene Luftballons.

5. Station: Sie ordnen acht Gymnastikreifen kreisförmig an, in die sie jeweils einen bestimmten Faschingsartikel, wie z. B. Konfetti, Ratschen, Luftschlangen, aufgeblasene Luftballons, Papiertröten, Indianerstirnband (➔ S. 9), Krone (➔ S. 18) und Papierschnipsel-Hüte (➔ S. 33) legen. Zusätzlich stellen sie ein paar Rollbretter und drei Springseile vor die Gymnastikreifen.

6. Station: Sie stellen ein Trampolin vor eine Weichbodenmatte, auf der sie jede Menge Konfettis verteilen.

Hinweis: Die einzelnen Stationen der Bewegungsbaustelle können jederzeit geändert, aus Platzgründen weggelassen oder einfach durch andere Stationen ersetzt werden.

Aufwärmen und Turnen

Wir wollen uns bewegen

Text *und* **Musik:** *Anke Drape*

Nr. 10

Refrain

Na na na na na na, na na na na na, na na na na na na, na na na na na. Wir wol-len uns be-we-gen, be - wegt euch al-le mit. Wir wol-len uns be-we-gen, das wird ein ech-ter Hit. Wir wol-len uns be-we-gen, hier ist echt was los, der Spaß ist rie - sen-groß!

Strophe

1. Wir klet-tern an der Spros-sen-wand und han-geln nur mit ei - ner Hand. Wir wer-fen uns die Bäl - le zu und spie - len fröh - lich „Blin - de-kuh". Durch die Hüt - chen Sla-lom lau - fen und sich ab und zu mal rau - fen. Mit den Sei-len schwin-gen wir: eins, zwei, drei, vier.

Brücke

Wir lau-fen und sprin-gen, wir be-we-gen uns! Wir tan - zen und sin-gen, wir be-we-gen uns! Wir la-chen und schrei-en, wir be-we-gen uns! Be - wegt euch al - le mit!

Spielanregung

Die Kinder bilden einen großzügigen Kreis.

Refrain:

Na na na na na na,
na na na na na. (2×)
Wir wollen uns bewegen,   Zur Musik auf der Stelle joggen.
bewegt euch alle mit.
Wir wollen uns bewegen,
das wird ein echter Hit.
Wir wollen uns bewegen,   Die Arme vor Freude in die Luft strecken.
hier ist echt was los,
der Spaß ist riesengroß!

1. Wir klettern an der Sprossen-   Knie wie beim Klettern abwechselnd
wand und hangeln nur   im Takt zur Musik nach oben ziehen.
mit einer Hand.
Wir werfen uns die Bälle zu und   Einen imaginären Ball werfen,
spielen fröhlich Blindekuh.   beide Hände kurz vor das Gesicht halten.
Durch die Hütchen Slalom laufen   Eine Schlangenlinie in die Luft zeichnen,
und sich ab und zu mal raufen.   in die Luft boxen.
Mit den Seilen schwingen wir: 4 × Armkreisen.
eins, zwei, drei, vier.

(Refrain: s. o.)

2. Wir spielen, fangen, du bist   Mit dem Zeigefinger auf die Kinder deuten.
dran, und jeder zeigt hier,
was er kann.
Fußballfieber, Schuss und Tor.   Fuß zur Kreismitte kicken.
Beim Elfer geh ich gerne vor.
Wir springen mit dem Trampolin   Zur Musik auf der Stelle hüpfen.
und bleiben auf der Matte liegen.
Mutig balancieren wir, 1, 2, 3, 4. Auf die Zehenspitzen stellen, wieder voll auftreten (4 ×).

(Refrain: s. o.)

Brücke:

Wir laufen und springen,
wir bewegen uns!
Wir tanzen und singen,
wir bewegen uns!
Wir lachen und schreien,
wir bewegen uns!
Bewegt euch alle mit! …

Zur Musik auf der Stelle joggen,
einen Luftsprung machen.
Zur Musik um die eigene Achse drehen.

s. 1. Zeile der Brücke

(Refrain: s. o.)

Sport-Detektive

Alter: ab 3 Jahren
Material: Faschings-Bewegungsbaustelle
(➜ S. 51), 1 Papiertröte; evtl. 1 Schwungseil
(ca. 5 m) und Refrain des Liedes „Wir wollen
uns bewegen" (➜ S. 52)

Die Kinder erkunden auf eigene Faust die auf-
gebaute Faschings-Bewegungsbaustelle. Die
Erwachsenen überwachen die einzelnen Stationen und geben den Kindern, falls nötig, Hil-
festellungen. Sobald die Spielleitung die Papiertröte erklingen lässt, sucht sich jedes Kind eine
neue Station aus. Nach sechs bis acht Durchgängen ist das Spiel beendet.

1. Station: Die Kinder legen sich mit dem
Bauch auf die eingehängte Turnbank und zie-
hen sich hoch und zwar so, dass sie mit einer
Hand den an einer Sprosse angebundenen
Luftballon erreichen können.

2. Station: Die Kinder schwingen sich mithilfe der Klettertaue von einer Bank zur anderen. Stehen sie auf einer Bank, dürfen sie die
Sachen, die sie dort vorfinden, benutzen. Sie
können z. B. sich rasch einen roten Punkt auf

die Nase malen, sich ein paar auseinandergepustete Luftschlangen um die Schultern hängen, Konfettis über den Kopf streuen oder sich
einfach einen ulkigen Hut auf den Kopf setzen.
Danach schwingen sie sich zu der anderen
Bank, um die dort ausgelegten Sachen, falls sie
möchten, zu benutzen.

3. Station: Die Kinder klettern auf die Turnbank und stupsen mit einem Fuß die Luftballons zwischen den Turnbänken an, sodass diese
wild durcheinanderfliegen.

4. Station: Die Kinder krabbeln nacheinander in die drei Höhlen der gewölbten Fallschutzmatten hinein, um dort die vielseitig verwend-
baren Faschingsartikel zu erkunden.

5. Station: Drei Kinder legen sich z. B. mit
dem Bauch auf ihre Rollbretter und fahren damit im Slalom um die kreisförmig angeordne-
ten Gymnastikreifen herum. Wer möchte, kann
sich z. B. auch auf sein Rollbrett knien und evtl.
von einem anderen Kind schieben oder mithilfe eines Seils ziehen lassen. Unabhängig davon nehmen sie die dort abgelegten Faschingsartikel in Augenschein.

6. Station: Die Kinder springen mit einer
Handvoll Konfetti der Reihe nach vom Trampolin auf die Weichbodenmatte und machen

dabei z.B. Strecksprünge, Purzelbäume oder Saltos. Dabei werfen sie Konfettis in die Luft.

Variante

Die Spielleitung führt die Kinder mithilfe eines Schwungseils durch den Raum. Dafür halten sich alle Kinder mit der rechten Hand am Seil fest. Gemeinsam singen sie immer wieder den Refrain des Liedes „Wir wollen uns bewegen" (→ S. 52). Die Spielleitung hält vor einer Turnstation, z.B. dem Trampolin, an. Die Kinder lassen das Seil los und springen nacheinander einmal vom Trampolin auf die Weichbodenmatte.

Weiter geht´s z.B. zur Sprossenwand. Die Kinder halten sich erneut am Seil fest: Wer möchte, darf die Sprossenwand hinauf- und wieder hinunterklettern. Ganz starke Kinder können sich auch mit dem Bauch auf die eingehängte Turnbank legen und sich bis zur Sprossenwand hochziehen. Danach klettern die Kinder wieder die Sprossenwand hinunter.

Hinweis: Weitere Anleitungen zu den anderen Stationen befinden sich unter „Sport-Detektive" (→ S. 54).

Sportgeräte-Musikstopp

🔘 Nr. 10 *Lied:* Wir wollen uns bewegen (→ S. 52)

Alter: ab 3 Jahren
Material: CD-Player, CD oder
1 Handtrommel

Zum Rhythmus der Musik oder des Handtrommelspiels der Spielleitung laufen alle Kinder kreuz und quer durch die Turnhalle. Stoppt die Musik, bleiben alle Kinder stehen.

Die Spielleitung zeigt auf ein Sportgerät, wie z.B. das Trampolin. Alle Kinder laufen so schnell wie möglich zum Trampolin. Stehen alle Kinder vor dem Trampolin, lässt sie wieder die Musik erklingen und eine neue Spielrunde beginnt.
Das Spiel endet, wenn die Musik ganz ausgestellt wird.

Wie turnen Prinzessinnen?

Alter: ab 3 Jahren

Die Kinder setzen sich der Reihe nach mit dem Rücken an eine Wand gelehnt auf den Boden. Das erste Kind aus der Reihe beginnt. Es stellt sich vor die Gruppe hin und sagt z.B.:

„Ich bin eine Prinzessin!"

Alle sind gespannt, wie eine Prinzessin wohl turnt. Das Kind steigt z.B. auf eine Turnbank und balanciert von einer Seite auf die andere. Die Gruppe applaudiert. Die Prinzessin kehrt zu den anderen Kindern zurück und reiht sich an letzter Position wieder ein. Das zweite Kind aus der Reihe setzt das Spiel fort und sagt z.B.:

„Ich bin eine Biene!"

Es geht z.B. zur Weichbodenmatte, um darauf einen Purzelbaum zu machen. Auf diese Weise stellen sich alle Kinder einmal mit ihrer Verkleidung vor.

Variante

Eines von den Kindern hüpft z. B. auf einem Bein vor die Gruppe, ruft ein beliebiges anderes Kind auf. Das ausgewählte Kind sagt z. B.:

„Ich bin ein Clown und zeige euch, was ich kann! Wohin soll ich nur gehen?"

Es sucht sich nun ein Sportgerät aus, wie z. B. die Sprossenwand, um sein Können zu zeigen, indem es z. B. auf die Sprossenwand erst hinauf- und wieder hinunterklettert. Danach wählt es ein anderes Kind aus, das das Spiel auf die gleiche Art fortsetzt.

Piraten

Nr. 3

*Text und **Musik:** Anke Drape*

Refrain

Pi - ra - ten, Pi - ra - ten, die se - geln ü - bers Meer. Sie schie-ßen mit Ka - no - nen, oh, ich

fürch - te mich so sehr. Pi - ra - ten, Pi - ra - ten, die se - geln ü - bers Meer. Und

wenn ich selbst Pi - rat bin, ja, dann fürcht ich mich nicht mehr! *Strophe*

1. Da

vor - ne ist ein Schiff in Sicht, sie se - geln vol - le Fahrt. Sie

wet - zen ih - re Mes - ser, das ist so ih - re Art.

Spielanregung

Die Kinder stehen zusammen in einem Kreis und geben sich gegenseitig die Hände. Die Spielleitung stellt in die Kreismitte das „Piratenschiff" (➜ S. 49), das die Kinder während des Mitmachlieds so stets im Auge behalten können.

Refrain:

Piraten, Piraten, die segeln
übers Meer.
Sie schießen mit Kanonen,
oh, ich fürchte mich so sehr.
Piraten, Piraten, die segeln
übers Meer.
Und wenn ich selbst Pirat bin, ja,
dann fürcht ich mich nicht mehr!

Arme wie ein Segel über dem Kopf
hin und her schwenken.
Hände zielen auf etwas,
Hände vor das Gesicht halten, ducken.
s. o.

Auf sich deuten,
Hände zu Fäusten ballen, mutig nach vorne springen.

1. Da vorne ist ein Schiff in Sicht,
sie segeln volle Fahrt.
Sie wetzen ihre Messer,
das ist so ihre Art.

Mit den Fingern einer Hand ein „Fernrohr" formen und
Ausschau halten.
Zeigefinger übereinander streichen.

(Refrain: s. o.)

2. Jetzt entern sie und grölen,
die Möwen fliegen fort.
Die ganz fette Beute,
die nehmen sie an Bord.

Mit den Armen Flugbewegungen machen.

Mit den Händen eine imaginäre
„schwere Schatztruhe" heranziehen.

(Refrain: s. o.)

3. Sie segeln wieder weiter,
volle Kraft voraus.
Zu einer kleinen Insel
und teilen alles auf.

Arme wie ein Segel über dem Kopf
hin und her schwenken.
Imaginäre Goldstücke
in die Menge werfen.

(Refrain: s. o.)

Brücke:

Also, ich krieg am meisten,
ich bin hier der Kapitän.
Koch, das hier ist für dich,
und du, kannst gleich wieder in
die Kombüse gehn.

Auf sich selbst deuten,
Arme raffen imaginäre Schätze.
Hand ausstrecken,
mit der Hand winken.

Steuermann, hier dein Gold!
Oh, Käpten, danke sehr!
Und du, du hast gekniffen,
dich schmeißen wir ins Meer.

(Refrain: s. o.)

Hand ausstrecken. Dem linken und rechten Nachbarskind kurz die Hand geben. Gegenseitig kitzeln.

Piraten auf hoher See

🔘 Nr. 3 *Lied:* Piraten (→ S. 56)

Alter: ab 3 Jahren
Material: pro Kind 1 Gymnastikreifen und evtl. 1 Kopftuch, 1 Handtrommel, CD-Player und CD

Die Spielleitung verteilt die Gymnastikreifen überall auf den Boden. Die Kinder spielen Piraten. Wer möchte, bekommt ein Kopftuch, das die Kinder zum Dreieck falten, um den Kopf legen und am Hinterkopf von der Spielleitung zu einem Piratentuch verknoten lassen. Alle Kinder knien sich in jeweils einem Reifen nieder. Das sind die Piratenboote. Die Spielleitung spricht oder singt den Refrain des Piratenliedes laut vor (→ S. 56).
Die Kinder tun so, als ob sie rudern würden. Ist der Refrain beendet, steigen alle aus ihren „Booten" aus und laufen kreuz und quer in der Turnhalle herum. Sobald die Spielleitung einmal kräftig trommelt, suchen sich alle „Piraten" wieder ein leeres „Boot", in das sie sich hineinknien.

Variante

Es gibt einen Gymnastikreifen weniger als die Anzahl der Kinder. Die Kinder laufen ohne Piratentücher in der Turnhalle herum. Sobald die

Spielleitung einmal trommelt, sucht sich jedes Kind so schnell wie möglich einen freien Reifen aus, in den es sich hineinkniet. Dasjenige Kind, das keinen freien Reifen findet, präsentiert den anderen sein Kostüm: Es dreht sich z. B. um die eigene Achse. Die anderen raten, was das Kind durch sein Kostüm darstellt. Haben die Kinder die richtige Antwort gefunden, laufen alle wieder kreuz und quer durch die Turnhalle. Nach ein paar Durchgängen, ist das Spiel beendet

Hüpf-Wettrennen

Alter: ab 3 Jahren
Material: 4 Markierungskegel, 1 Piratenkapitän-Hüpfball (→ Piratenschiff, S. 49), 1 Handtrommel; evtl. 2 Hüpfbälle

Die Spielleitung kennzeichnet mit vier Markierungskegeln ein begrenztes Spielfeld und stellt in die Mitte den Piratenkapitän-Hüpfball.
Zum Rhythmus des Trommelspiels hüpfen alle Kinder vergnügt auf dem Spielfeld herum. Stoppt das Trommeln, laufen alle Kinder rasch zu dem Piratenkapitän-Hüpfball. Stehen alle um den Piratenkapitän-Hüpfball herum, bevor das Trommelspiel wieder einsetzt? Bestimmt!

Auf diese Weise haben insbesondere die Jüngsten ein tolles Erfolgserlebnis!
Nach ein paar Durchgängen ist das Spiel beendet.

Variante ab 5 Jahren

Die Spielleitung stellt den Piratenkapitän-Hüpfball direkt vor eine Wand. Die Kinder bilden zwei gleich große Gruppen, die sich nebeneinander direkt vor der gegenüberliegenden Wand aufstellen. Die beiden ersten Kinder aus jeder Gruppe erhalten jeweils einen Hüpfball von der Spielleitung.

Auf los hüpf los! Die beiden Kinder hüpfen so schnell wie möglich zum Piratenkapitän-Hüpfball und dann wieder zurück. Sie geben ihre Hüpfbälle dem vordersten Kind aus ihrer Gruppe und stellen sich neben dem letzten Kind aus ihrer Gruppe auf. Der Hüpfspaß kann weitergehen. Diejenige Gruppe, die am schnellsten gehüpft ist und wieder in der ursprünglichen Reihenfolge steht, gewinnt das Spiel. Eine Revanche ist möglich.

Lustige Schnappschüsse

Für ein tolles Erinnerungsfoto an den gemeinsamen Sport-Fasching eignet sich vor allem das Trampolinspringen. Dabei dürfen die kleinen Zauberer, Indianer & Co. mal so richtig in die Luft springen.

Alter: ab 3 Jahren
Material: Faschings-Bewegungsbaustelle (→ S. 51), 1 Fotokamera, 1 Drucker

Die Kinder stellen sich in einer Schlange hinter dem Trampolin auf. Das erste Kind springt vom Trampolin auf die Weichbodenmatte. Die Spielleitung knipst das Kind, sobald es sich in der Luft befindet. Ist das Foto im Kasten, ist das nächste Kind an der Reihe. Wenn geübtere Kinder wollen, können sie beim Springen auch Faxen machen wie Beine grätschen, Grimassen schneiden, Salto schlagen usw.
Ist für jedes Kind ein schöner Schnappschuss entstanden, ist das Trampolinspringen beendet. Die Spielleitung druckt die Fotos später aus und gibt sie den Kindern als Erinnerung an den Sport-Fasching mit.

Abschlusskreis beim Sport-Fasching

„Bye bye, Gespenst!"

Alter: ab 3 Jahren
Material: 1 Piratenkapitän-Hüpfball
(→ Piratenschiff, S. 49)

Die Kinder sitzen in einem großzügigen Kreis beisammen. Ein beliebiges Kind erhält den Piratenkapitän-Hüpfball, hüpft damit zu einem anderen Kind und sagt dabei:

„Bye, bye!" oder „Tschüss!"

Der Piratenkapitän-Hüpfball wechselt den Besitzer und das nächste Kind geht auf Abschieds-Hüpftour. Das Spiel endet, wenn alle Kinder sich wenigstens einmal verabschieden konnten.

Variante

Die Kinder bilden um den Piratenkapitän-Hüpfball einen großen Kreis. Sie hüpfen der Reihe nach entweder mit beiden oder auf einem Bein zum Hüpfball und schließlich wieder auf ihren Platz zurück. Währenddessen sagt die Gruppe passend zu dem Kostüm des Kindes z. B. laut:

„Bye, bye, Gespenst!"

Erst, wenn alle Kinder verabschiedet wurden, ist das Spiel aus.

Hinweis: Die Variante bietet sich insbesondere dann an, wenn noch eine oder mehrere Gruppen in der Turnhalle Sport-Fasching feiern möchten und hierfür den Piratenkapitän-Hüpfball ohne Gebrauchsspuren brauchen.

Der Sport-Fasching ist aus!

Alter: ab 3 Jahren
Material: 1 Softball

Die Kinder sitzen in einem großzügigen Kreis beisammen. Während sich die Kinder den Ball links im Kreis herum zurollen, sagen sie laut:

„Der Sportfasching ist nun aus,
wir gehen aus der Halle raus!"

Das Kind, das am Ende des Verses den Ball in den Händen hält, übergibt ihn seinem linken oder rechten Nachbarskind. Es steht auf und verlässt die Turnhalle, um in die Umkleidekabine zu gehen. Diese Abschiedsrunde wird so lange fortgesetzt, bis alle Kinder die Turnhalle verlassen haben.

Helau & Alaaf in der Kinderbütt

Krippe + Kita

Karnevalssitzungen sind vielen aus den Karnevalshochburgen, wie z. B. Düsseldorf, Köln und Mainz, bestens bekannt. Dabei sitzt der Elferrat, der aus elf Personen besteht und für die Planung und Durchführung der Veranstaltung verantwortlich ist, auf einem Podium und zwar so, dass er nicht nur das Publikum, sondern auch die einzelnen Nummern stets gut im Blick hat. Der Sitzungspräsident, der nicht zwingend Mitglied des Elferrats sein muss, kündigt dem Publikum die einzelnen Darbietungen an. Auch das Publikum erscheint meist kostümiert.

Im Folgenden wird eine einfache Kinderprunksitzung mit Kinderelferrat, aber ohne Sitzungspräsident, jedoch mit einem Kinderprinzenpaar vorgestellt. Die Kinder, die gerne mitmachen wollen, werden, falls es zu viele sind, einfach ausgelost. Alle übrigen Kinder dürfen eine oder mehrere Nummern mithilfe der ErzieherInnen zwei bis drei Wochen vorher einüben und diese dann den Krippenkindern oder einfach einer anderen Kindergartengruppe vorführen.

Die Kinderprunksitzung findet in der Regel auf einer Bühne statt. Sollte jedoch keine Bühne vorhanden sein, kann man auch „nur" eine Tischreihe bestehend aus vier bis fünf rechteckigen Tischen ca. einen Meter vor eine Wand stellen, hinter der dann der Kinderelferrat Platz nimmt. Das Publikum sitzt im Halbkreis ein paar Meter vom Kinderelferrat entfernt. Evtl. sitzen ein paar Kinder aus dem Publikum vor dem Halbkreis auf blauen Fallschutzmatten, sodass alle gut die Geschehnisse auf der „Bühne" verfolgen können.

Damit keine Langeweile aufkommt, findet ein abwechslungsreiches Programm statt. Die Kinder auf der Bühne dürfen z. B. das Tanzbein schwingen, eine kurze Büttenrede halten, jede Menge Blödsinn machen und nicht zuletzt fröhliche Lieder zum Mitsingen präsentieren, die zum Teil auch in den vorherigen Kapiteln vorgestellt und mit entsprechenden Spielanweisungen für die Bühnenshow versehen wurden. Eine Vielzahl an Mitmach-Aktionen bindet sogar das Publikum aktiv ein.

Dennoch können die ErzieherInnen stets selbst bestimmen, ob sie die Kinderprunksitzung komplett durchführen wollen oder nicht. Sie können z. B. selbst einzelne Bestandteile zu einer eigenen Sitzung zusammenstellen. Dementsprechend wurden die Überleitungen zum nächsten Programmpunkt immer visuell hervorgehoben, sodass man jederzeit das Programm kürzen kann.

Aufwendige Kostümierungen sind nicht notwendig. Es reichen wenige Accessoires, um ein schönes Kostüm zu kreieren

Einladen, Dekorieren, Kostümieren & Co.

Karnevalsmützen-Einladung

Die farbenfrohen Karnevalsmützen (Karnevals- oder Narrenkappen, Fastnachtsmützen, Faschingshüte) sind auf Karnevalssitzungen einfach nicht wegzudenken. Im Folgenden wird gezeigt, wie man auch durch eine andere Kopfbedeckung, ohne viel Aufwand relativ rasch ein Zugehörigkeits- und Gemeinschaftsgefühl auf der Bühne und im Publikum bei einer Kinderprunksitzung schaffen kann.

Alter: ab 3 Jahren
Material: pro Gast 1 Schildmütze in Weiß, Stoffmalfarben evtl. mit Glittereffekt, Acrylfarben, Metallic-Geschenkband (z. B. in Blau), Schere doppelseitiges Klebeband, Filzstifte; pro Kind 1 Malkittel und 1 Pinsel

Und so geht's:

1. Die Spielleitung schreibt auf die Schildmützen jeweils eine Zahl von 1 bis 11 und zwar so, dass man diese beim Tragen der Mütze auf der Stirn gut lesen kann.
2. Die Kinder ziehen ihre Malkittel an und machen farbige Tupfer mit dem Pinsel auf die Mützen, die Konfettis darstellen sollen.
3. Die Spielleitung schneidet ein ca. 12 cm langes Stück von der Geschenkbandrolle ab, schreibt die Einladungen, rollt sie ein und bindet sie mithilfe des Geschenkbands zusammen.
4. Die Spielleitung klebt immer eine Rolle oben auf die Mütze.
5. Auf die Rolle schreibt die Spielleitung in großen Druckbuchstaben das Wort „Einladung". Dabei verwendet sie für jeden Buchstaben eine andere Farbe.

Hinweis: Diese Mützen werden auch für den Kinderelferrat angefertigt (→ S. 64). Die Kinder aus dem Publikum freuen sich garantiert, wenn sie die gleichen Mützen tragen dürfen.

Liebe Kinder,

zur Kinderprunksitzung laden wir euch alle herzlich ein.

Kommt bitte alle mit den Kappen, geschminkt, farbenfroh und fröhlich, das wäre ganz fein!

Wir fangen

am ...

um ... Uhr

an.

Das Ganze endet im Kindergarten

um ca. ... Uhr für euch dann.

Wir freuen uns bereits heute, euch dann zu sehen.

Hoffentlich wird die Zeit bis dahin schnell vergehen!

Der Kinderelferrat (oder einfach: Die Kindergartenkinder)

Willkommens-Banner

Das Willkommens-Banner ist hinter dem Elferrat gut sichtbar aufzuhängen.

Alter: ab 3 Jahren
Material: pro Kind 1 Malkittel o. Ä.,
1 Stoffbahn aus Baumwolle (unbemalt in
Weiß, mit 6 Ösen [ca. 65 cm × 135 cm]) oder
1 weißes Leintuch, Stoffmalfarben,
Fingerfarben, Schere, 1 Bindfaden oder
Reißzwecken, 1 Hammer

Die Spielleitung breitet die Stoffbahn auf dem
Boden aus und schreibt mit Stoffmalfarbe in
Druckbuchstaben z. B. *„Herzlich Willkommen
auf der Kinderprunksitzung"* drauf. Die Buchstaben werden nur umrandet, damit die Kinder
sie selbst mit Stoffmalfarben farbig ausmalen
können.
Die Kinder ziehen ihre Malkittel an und machen mit Fingerfarben viele farbenfrohe Fin-
gerabdrücke auf das Banner. Sie malen die
Buchstaben bunt mit Fingerfarben aus.
Die Spielleitung hängt das Banner an die
Wand. Je nachdem, ob es Ösen besitzt oder
nicht, befestigt sie es mithilfe eines Bindfadens,
der durch die Ösen gezogen wird, oder einfach
mit Reißzwecken an der Wand.

Riesenbonbons

Alter: ab 3 Jahren
Material: 4–5 runde Plastikeimer,
Krepppapierrollen (50 cm × 250 cm),
Scheren, Metallic-Geschenkband (ca. 4 cm
breit), Bleistifte, Klebeband, 1 Kopiervorlage
„Bonbon" (→ unten), Wachsmalstifte,
Kopierer

Die Spielleitung klebt den Eimerhenkel, falls
vorhanden, am Eimer fest. Sie rollt den Eimer
in das Krepppapier ein und zwar so, dass sie
die beiden überstehenden Seiten des Krepp-
papiers am Boden des Eimers und oberhalb
der Eimeröffnung zusammenraffen und mit
einem Metallic-Geschenkband verschnüren
kann. Der Eimer stellt ein Riesenbonbon dar.
Die Spielleitung kopiert die Kopiervorlage des
Bonbons mehrmals in verschiedenen Größen.
Die Kinder malen die Bonbons an und schneiden sie aus.
Sie kleben die Bonbons auf das Riesenbonbon.
Die Riesenbonbons verteilen sie dekorativ überall im Raum.

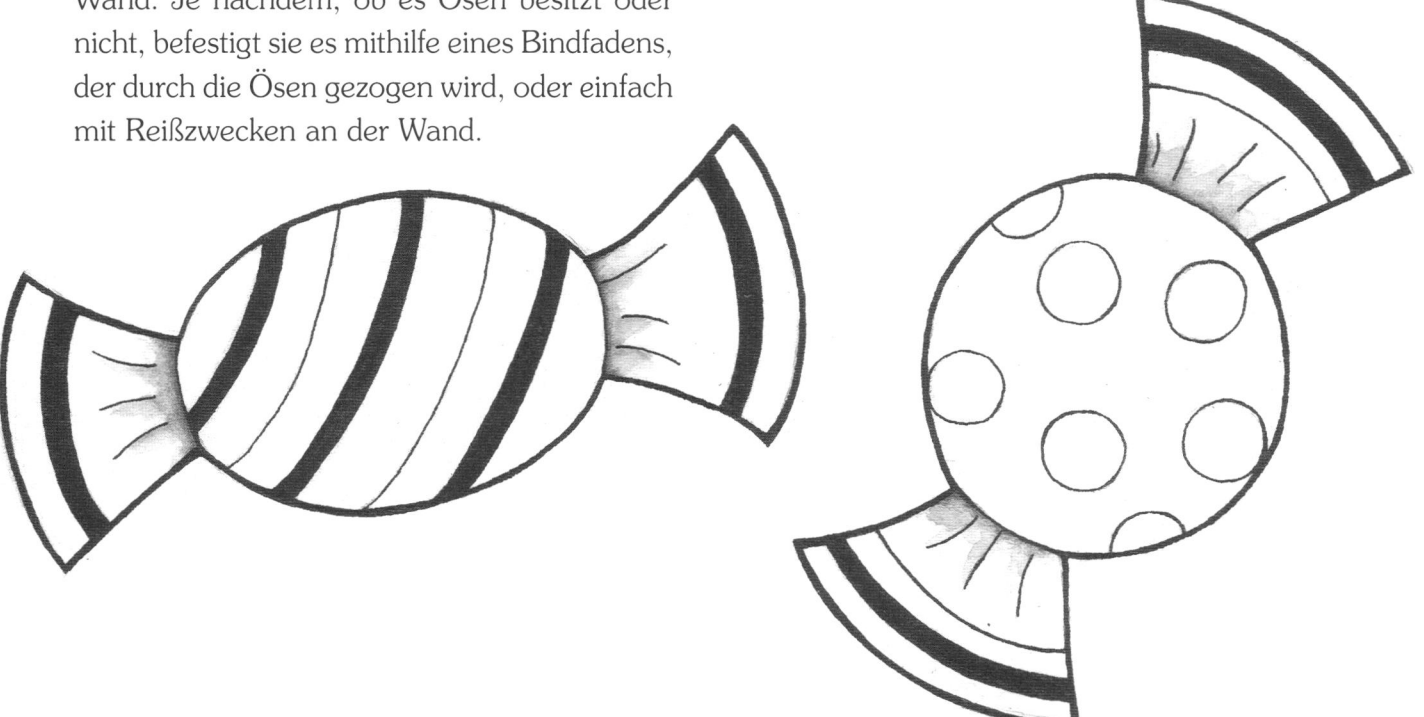

Luftschlangen-Mobile

Alter: ab 3 Jahren
Material: 1 großer Ast, Wattebäusche, Luftballons, Luftschlangen, Acrylfarben, 1 Luftballonpumpe, pro Kind 1 Malkittel und Pinsel, Wolle, Schere, ggf. Reißzwecke oder Klebeband

Die Kinder suchen sich in der freien Natur einen großen Ast aus.

Auf dem Ast verteilen sie Wattebäusche, die leicht auseinandergezogen werden, sodass diese auf dem Ast halten. Die Wattebäusche stellen Schnee dar.

Um den Winter zu vertreiben, blasen sie ein paar Luftschlangen ordentlich auseinander und hängen sie an den Ästen auf.

Die Spielleitung bläst mithilfe einer Luftballonpumpe ein paar Luftballons auf und verknotet sie am Mundstück.

Die Kinder ziehen ihre Malkittel an und bemalen die Luftballons kunterbunt.

Die Spielleitung befestigt an jedem Mundstück einen ca. 30–40 cm langen Faden und bindet das andere Ende an dem Ast fest.

Den Ast befestigt sie mithilfe von zwei ca. 50 cm langen Fäden, die sie links und rechts am Ast verknotet, und zwei Haken an der Decke, sodass der Ast von der Decke herunterhängt.

Kostüme des Kinderelferrats

Alter: ab 3 Jahren
Material: 11 Schildmützen und T-Shirts in Weiß aus Baumwolle, 11 Malkittel und Pinsel, Stoffmalfarben mit Glittereffekt, Acrylfarben, 11 rote Baumwolltücher (z. B. 50 cm × 50 cm), 11 Leggings oder Strumpfhosen in Weiß und 11 Karnevalsorden (➜ S. 65)

Jedes Kind aus dem Kinderelferrat holt sich eine Stoffmalfarbe mit Glittereffekt und sucht sich eine Zahl zwischen 1 und 11 aus. Achtung: Jede Zahl darf nur einmal vorkommen! Die Kinder schreiben ihre Zahl entweder allein oder mithilfe der Spielleitung auf die Mütze und zwar so, dass die Zahlen oberhalb des Schirms gut lesbar sind.

Die Kinder legen alle elf T-Shirts der Reihe nach auf den Boden und machen auf jedes T-Shirt mit der Acrylfarbe mehrere Farbtupfer.

Sind die Farben trocken, ziehen die Kinder jeweils ein T-Shirt, eine Schildmütze und am besten eine weiße Leggins oder Strumpfhose an. Ein rotes Baumwolltuch ergänzt die Kostümierung. Die Spielleitung verknotet dafür die Tücher mit den beiden Tuchenden nach vorne am Hals der Kinder.

Ein Karnevalsorden um den Hals macht die Verkleidung des Kinderelferrats komplett.

Das Kinderprinzenpaar

Alter: ab 5 Jahren
Material: pro Kind 1 Leggins oder Strumpfhose in Weiß, 1 T-Shirt in Weiß und 1 Krone (➜ S. 18), Tüll-Meterware (z. B. in Rosa oder Lila), Baumwollgarn, stumpfe Wollnadel, Schere, Stoffmalfarben mit Glittereffekt, 1 Baumwolltuch in Blau (z. B. 50 cm × 50 cm) o. Ä.

Die Kinder bemalen ihre T-Shirts mit den Stoffmalfarben.
Die „Prinzessin" näht sich mit Unterstützung der Spielleitung einen einfachen Tüllrock ohne viele Lagen zusammen.
Dazu schneidet die Spielleitung einen Streifen Tüll auf Rocklänge zurecht. Sie achtet darauf, dass dieser sich mindestens dreimal um die Hüfte des Kindes wickeln lässt.
Die Spielleitung legt den Stoff der Breite nach vor sich hin. Das Kind, das die Prinzessin spielt, zieht einen Baumwollfaden mit einigen Stichen nah an der oberen Kante durch, sodass sich der Stoff raffen lässt.
Den zusammengerafften Rock wickelt die „Prinzessin" um ihre Hüften.
Die Spielleitung knotet die Fadenenden so zusammen, dass der Rock gut sitzt.
Dem „Prinzen" legt die Spielleitung z. B. ein blaues Baumwolltuch als Umhang um die Schultern und verknotet es vorne am Hals.
Beide tragen jeweils eine Krone aus Papier.

Karnevalsorden

Karnevalsorden werden als Ehrung für ein besonderes Engagement verliehen. Es versteht sich von selbst, dass alle Kinder auf der Bühne etwas Außergewöhnliches darstellen und sich somit auf einen Karnevalsorden freuen dürfen. Der Karnevalsorden wird nach der Darstellung vom Kinderelferrat überreicht.

Alter: ab 3 Jahren
Material: pro Kind 1 Malkittel und 1 runder nicht bedruckter Bierdeckel, Wolle, Schere, Lochzange, Fingerfarben, 1 schwarzer Filzstift

Die Spielleitung schreibt in Schwarz auf jeden Bierdeckelrand „*Kinderprunksitzung ... (Jahr) im Kindergarten ... (Name der Einrichtung)*".
Auf jeden Bierdeckel machen diejenigen Kinder, die zum Kinderelferrat gehören, mit Fingerfarbe jeweils einen farbigen Tupfer.
Ist die Farbe trocken, stanzt die Spielleitung oben auf jedem Bierdeckel in Abstand von ca. 4 cm zur Kante ein Loch mit der Lochzange aus.
Durch das Loch zieht sie jeweils einen ca. 30 cm langen Wollfaden, dessen Enden sie verknotet.
Am Schluss muss für jedes Kind aus der Kindergartengruppe ein Karnevalsorden vorhanden sein!

Kinder-Büttenfass

Auf jeder Karnevalssitzung werden lustige Reime in der Bütt vorgetragen. Dies war schon im Mittelalter Sitte. Einfache Leute durften sich z. B. in der fünften Jahreszeit ungestraft über die Macken ihrer Herrschaft lustig machen. Bei den Kindern sind die Erwachsenen ein beliebtes Thema in der Kinderbütt. Für die Kinderbütt (➜ S. 73) braucht man genauso wie für alle andere Sprechrollen ältere Kinder, die *schnell einen Text auswendig lernen können und Spaß daran haben, vor einem größeren Publikum aufzutreten. Die Spielleitung kann den Kindern den Text kopieren und als kleine Hausaufgabe mit nach Hause geben.*

Alter: ab 3 Jahren
Material: 2 A2-Tonkartonbogen in Braun, dicker schwarzer Filzstift, Bleistift, Hefter

Die Spielleitung heftet beide Tonkartonbögen mit der Längsseite aneinander.
Auf den Tonkarton zeichnet sie mit Filzstift in einem Abstand von ca. 10 cm senkrechte Striche, die die Fassdauben darstellen sollen.
Für die Fassringe zeichnet sie jeweils im oberen und im unteren Drittel des Tonkartonbogens zwei Bleistiftstriche in ca. 10 cm Abstand ein.
Die Zwischenräume zwischen den Bleichstiftstrichen malen die Kinder schwarz aus.
Den Tonkartonbogen stellt sie mit der langen Seite auf der Kante auf den Boden und rollt ihn so zusammen, dass die beiden Seiten etwas überlappen. Die überlappenden Teile heftet sie anschließend zusammen.

Feierlicher Sitzungsbeginn

Einmarsch des Kinderelferrats und Kinderprinzenpaars

Vor dem Einmarsch des Kinderelferrats, während die Zuschauer Platz nehmen, kann das Lied „Wir lassen's heute krachen" (Instrumental [➜ S. 79]) im Hintergrund laufen.

Alter: ab 3 Jahren
Material: 10 Handtrommeln, 1 Paar Klangstäbe o. Ä., 1 Tamburin

Der Kinderelferrat stellt sich nach den Zahlen auf seinen Kappen geordnet hintereinander auf. Das Kinderprinzenpaar schreitet Hand in Hand majestätisch hinterher. Das vorderste Kind, das die Zahl 1 hat, hält ein Tamburin in der Hand und spielt einen einfachen Rhythmus vor. Alle anderen Kinder des Elferrats begleiten den Rhythmus mit ihren Handtrommeln. Das erste Kind führt die Gruppe direkt am Publikum vorbei in Richtung Bühne. Der Kinderelferrat legt die Instrumente auf der Bühne unter den Tischen ab. Das Kinderprinzenpaar nimmt auf der Bühne in der Mitte hinter den Tischen Platz. Der Kinderelferrat stellt sich in der Bühnenmitte in einer Reihe auf und singt zur Begrüßung das „Taschenlampen-Lied".

Auf der Bühne

Nr. 4, 16

Text und *Musik:* *Anke Drape*

Material: 11 Taschenlampen

Strophe

A   Hm

1. Auf der Büh-ne ge-hen jetzt die gro-ßen Schein-wer-fer an, al-le

E   A   Hm

wis-sen: Gleich geht es los. Der Vor-hang geht auf, die Span-nung steigt, und das

E   A   D

Pub-li-kum ist gran-di-os. Die ers-te Büt-ten-re-de ist ein

E   A   D

vol-ler Er-folg, al-le hal-ten sich vor La-chen den Bauch. Das Pub-li-kum klatscht

E   A   E

un-ent-wegt, es hört gar nicht mehr auf.

Refrain

A   D   E

Hän-de win-ken, wink doch mal, Fü-ße stamp-fen, stampf doch mal! - Ap-

A   Hm   E   A

plaus, Ap-plaus, für je-den, der hier auf der Büh-ne steht.

Spielanregung

Sobald alle Kinder aus dem Elferrat sich in der Bühnenmitte versammelt haben, überreicht die Spielleitung jedem Kind eine Taschenlampe. Gemeinsam mit dem Publikum stimmen sie folgendes Lied an und machen die passenden Bewegungen dazu:

1. Auf der Bühne gehen jetzt die großen Scheinwerfer an und alle wissen: Gleich geht es los.

Der Kinderelferrat knipst die Taschenlampen an, legt sie vor sich auf den Boden.

Der Vorhang geht auf, die Spannung steigt, und das Publikum ist grandios.

Hände vor das Gesicht halten, wie ein Vorhang wieder wegziehen.

Die erste Büttenrede ist ein voller Erfolg, alle halten sich vor Lachen den Bauch.

Hände auf den Bauch legen.

Das Publikum klatscht unentwegt, es hört gar nicht mehr auf.

Klatschen.

Refrain:

Hände winken, wink doch mal, Füße stampfen, stampf doch mal! Applaus, Applaus, für jeden, der hier auf der Bühne steht. (2×)

Im Takt winken, mit den Füßen stampfen. Klatschen.

2. Im Handumdrehen wird die Bühne umgebaut, da ertönt ein „Uh" und „Ah".

Erst den linken, dann den rechten Arm in die Luft strecken. Zur Musik um sich selbst drehen.

In bunten Kostümen und ganz elegant, ziehen die Tänzer durch den Saal.

Sie lassen zur Musik ihre Beine fliegen, ein Handstand, ein Flick Flack, geschafft!

Zur Musik abwechselnd ein Bein hochwerfen.

Der letzte Salto erntet viel Applaus, danach ist es vollbracht!

Klatschen.

(Refrain: s. o.)

3. Am Ende wird für alle etwas aufgeführt, keiner weiß, worum es geht.

Im Takt mit den Schultern zucken.

Auf der Bühne stehen zwei, die sehen lustig aus, und sie sind ganz schön aufgeregt.

Nacheinander auf zwei Kinder deuten.

Auf einmal fangen sie zu singen an, dann tanzen sie ganz wild. Die Stimmung ist jetzt auf dem Höhepunkt und alle machen mit!

Zur Musik um sich selbst drehen.
Zur Musik abwechselnd ein Bein hochwerfen.

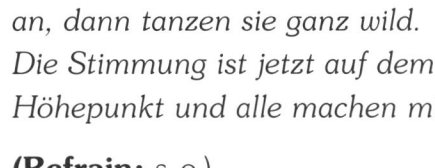

(Refrain: s. o.)

Hinweis: Für diesen Auftritt können die Kinder das Lied auch selbst singen. Hierzu verwendet die Spielleitung die Instrumentalversion des Liedes (💿 Nr. 16).

Der Elferrat nimmt mit Ausnahme des Kindes mit der Zahl „1" hinten auf der Bühne Platz. Das Kind mit der Nummer 1 leitet über zum nächsten Programmpunkt:

„Der Kinderelferrat hat euch eingeladen und freut sich sehr euch zu sehen.
Unser Kinderprinzenpaar wird gleich zu Beginn auf diese große Bühne gehen.
Applaus, Applaus für unser Kinderprinzenpaar!"

Das Kind nimmt auch Platz im Kinderelferrat.

Kinderprinzenpaar

Ein klassischer Programmpunkt der Karnevalssitzung ist die Rede des Prinzenpaares zu Beginn der Karnevalssitzung. Je nach Wunsch des Prinzenpaares kann die Spielleitung die nachfolgende Rede mit ihnen einstudieren oder das Prinzenpaar lässt sich durch die folgende Rede inspirieren und improvisiert eine eigene kleine Begrüßungsrede.

Alter: ab 5 Jahren

Das Kinderprinzenpaar geht zur Bühnenmitte und hält seine Begrüßungsrede, z. B.:

Prinz: *„Hallo, ihr lieben Jecken und Narren hier im Kinderland. Das ist Prinzessin … (Vorname des Kindes). Darauf gebe ich euch meine Hand."*

Der Prinz zeigt auf seine Prinzessin und streckt seine Hand dem Publikum entgegen.

Prinzessin: *„Hallo, ihr lieben Jecken und Narren hier im Haus. Das ist Prinz … (Vorname des Kindes)."*

Die Prinzessin deutet auf den Jungen.

Prinz: *„Das weiß bereits jede kleine Maus."*

Der Prinz zeigt auf das Publikum.

Prinzessin: *„Freut euch auf tolle Darbietungen in diesem Land!"*

Die Prinzessin deutet auf das Publikum.

Prinz: *„Das wird super cool! Darauf gebe ich euch auch meine Hand!"*

Der Prinz streckt seine Hand dem Publikum entgegen.

Prinz + Prinzessin: *„Wir sind das Kinderprinzenpaar, wünschen euch Spaß und noch viel mehr! Ein dreifachdonnerndes Helau! (oder: Alaaf!) mögen wir jetzt wohl alle sehr!"*

Das Kinderprinzenpaar ruft dreimal hintereinander *„Helau!"* (oder: *„Alaaf!"*) und streckt dabei immer kurz einen Arm in die Luft. Das Publikum macht sofort mit.

Das zweite Kind aus dem Kinderelferrat geht zur Bühnenmitte und dankt dem Kinderprinzenpaar:

„Herzlichen Dank Prinzessin … (Vorname des Kindes) und Prinz … (Vorname des Kindes) für euren Besuch hier bei uns im Haus.
Feiert mit, habt Spaß, denn die Kinderprunksitzung ist noch lange nicht aus!"

Das Kinderprinzenpaar setzt sich wieder auf seine Plätze inmitten des Kinderelferrats und der nächste Programmpunkt wird angekündigt:

„Ich kündige euch etwas Schönes an.
Es fängt mit dem Zaubertunnel an.
Viel Spaß!"

Das Kind deutet nun auf die Tunnelröhre, die zwei Erwachsene auf die Bühne tragen.

Das Programm

Im Zaubertunnel Nr. 13, 16

Lied: Auf der Bühne (Instrumental [→ S. 67])
Lied: Tusch

Ein schöner Programmpunkt nach der Begrüßung stellt das Spiel „Im Zaubertunnel" dar. Die Kinder zeigen voll Stolz ihre Kostüme vor.

Alter: ab 3 Jahren
Material: 1 Kriechtunnel (Durchmesser: ca. 51 cm, Länge: 185 cm) oder 3 Tische und 3 große, blickdichte Leintücher, pro Kind ein Bettlaken

Zwei bis drei Erwachsene stellen blitzschnell einen Kriechtunnel oder drei Tische, auf denen sie Leintücher ausbreiten, auf die Bühne. Die übrigen Kinder aus der Kindergartengruppe, die allesamt auf irgendeine Art verkleidet sind, legen sich jeweils ein Bettlaken über die Schultern und zwar so, dass die anderen Kinder aus dem Publikum ihr Kostüm nicht sofort erken-

nen können. Auf Anweisung des zweiten Kindes aus dem Kinderelferrat hin, ruft das Publikum „Abrakadabra!". Das erste Kind kriecht in den Tunnel und wirft dort sein Leintuch ab. Auf der anderen Seite kommt es kostümiert aus dem Tunnel heraus und ruft passend zu seinem Kostüm z. B. laut:

„Hallo, ich bin eine Fee!" (Dabei ist der Tusch zu hören.)

Das nächste Kind ist an der Reihe, das auf die gleiche Weise durch den Tunnel krabbelt und sich am anderen Ende schließlich dem Publikum kostümiert vorstellt. Dabei ist wieder der Tusch zu hören.
Erst, wenn alle Kinder aus der Kindergartengruppe bis auf den Kinderelferrat an der Reihe gewesen sind, stellen sie sich in einer Reihe vor dem Publikum hin. Es erfolgt noch einmal der Tusch. Die Kinder auf der Bühne verbeugen sich vor dem applaudierenden Publikum.

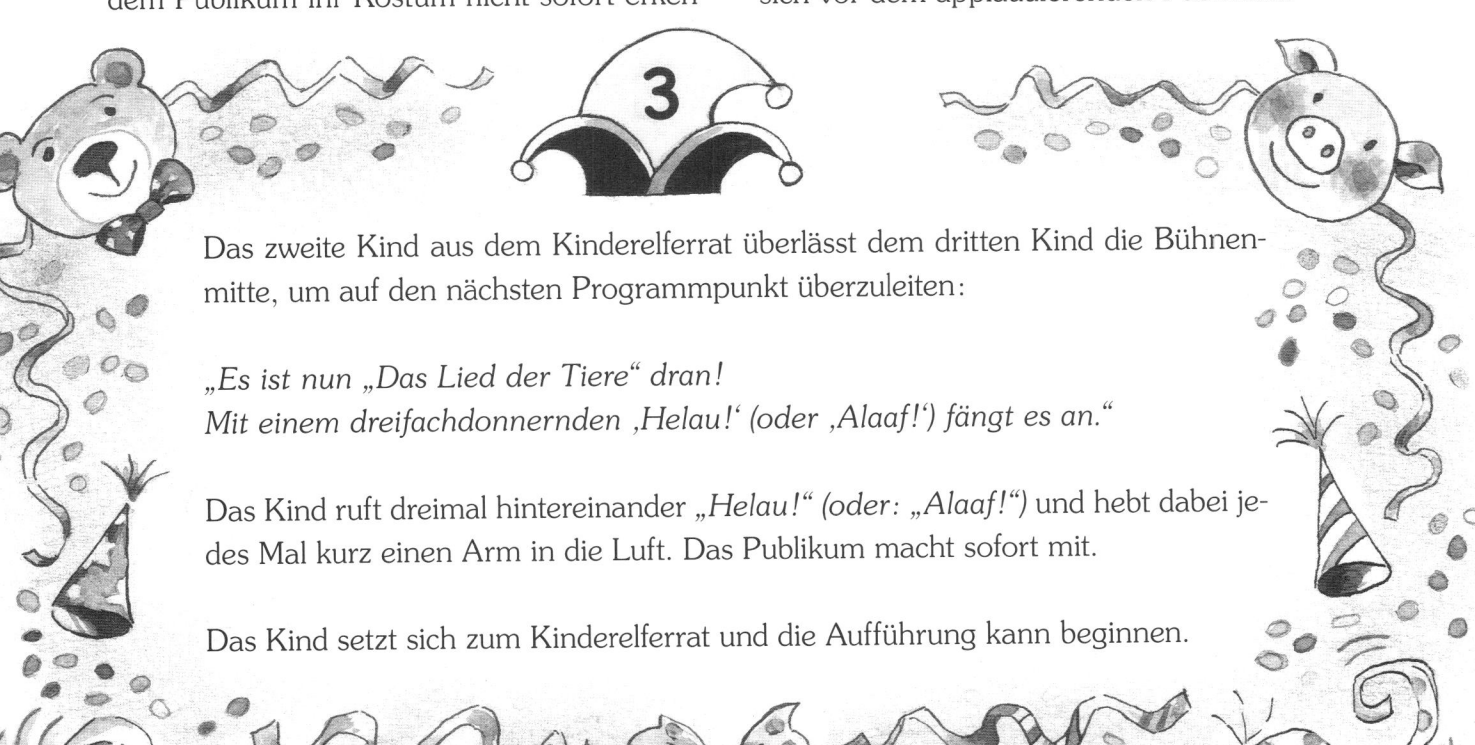

Das zweite Kind aus dem Kinderelferrat überlässt dem dritten Kind die Bühnenmitte, um auf den nächsten Programmpunkt überzuleiten:

„Es ist nun „Das Lied der Tiere" dran!
Mit einem dreifachdonnernden ,Helau!' (oder ,Alaaf!') fängt es an."

Das Kind ruft dreimal hintereinander „Helau!" (oder: „Alaaf!") und hebt dabei jedes Mal kurz einen Arm in die Luft. Das Publikum macht sofort mit.

Das Kind setzt sich zum Kinderelferrat und die Aufführung kann beginnen.

Tiere auf der Bühne

🎵 Nr. 8 *Lied: Das Lied der Tiere (➜ S. 26)*

Eine Gruppe von Kindern führt auf der Bühne „Das Lied der Tiere" (➜ S. 26) auf. Statt im Kreis stehen die Kinder in einer Reihe auf der Bühne, singen und machen die Bewegungen vor! Das Publikum macht mit Begeisterung mit.

Sobald alle kleinen DarstellerInnen die Bühne verlassen haben, tauscht das dritte Kind mit dem vierten Kind aus dem Kinderelferrat den Platz, das dann auf der Bühnenmitte laut Folgendes sagt:

„Und weiter geht's mit der Kinderbütt hier.
Und dann? Welche Zahl kommt wohl nach der Vier?"

Das Kind deutet auf die Zahl „4" auf seiner Kappe, hebt eine Hand in die Luft und lässt alle fünf Finger zappeln.

Das Publikum ruft laut: *„Fünf!"*

Kind vier aus dem Kinderelferrat setzt sich zurück auf seinen Platz im Kinderelferrat.

In der Kinderbütt

Nr. 13 *Lied: Tusch*

Alter: ab 5 Jahren
Material: Kinder-Büttenfass (➜ S. 66)

Das Kind, das die Büttenrede hält, geht mit dem „Büttenfass" in den Händen auf die Bühne. Es bleibt auf der Bühnenmitte stehen und stülpt sich das „Büttenfass" über, sodass es darin stehen kann:

„Hallo, ihr lieben Jecken und Narren hier im Raum.
Ich hatte gestern Nacht einen schönen Traum!
Ich bin groß und kann endlich alles machen.
Lange schlafen, fortgehen und andere Sachen.
Den ganzen Tag kann ich auch viel fernsehen.
Ich kann sogar ganz oft Pizza essen gehen.
Am anderen Morgen jedoch glaubte ich es kaum.
Meine Eltern hatten es nicht so schön wie in meinem Traum.
Sie müssen sehr viel arbeiten und ganz viel für uns machen.

Das sind nicht immer so spaßige und lustige Sachen.
Drum lasst euch sagen, meine lieben Freunde hier im Raum,
ich bin von jetzt an lieber ein Kind, vergesst meinen Traum!"

(Tusch)

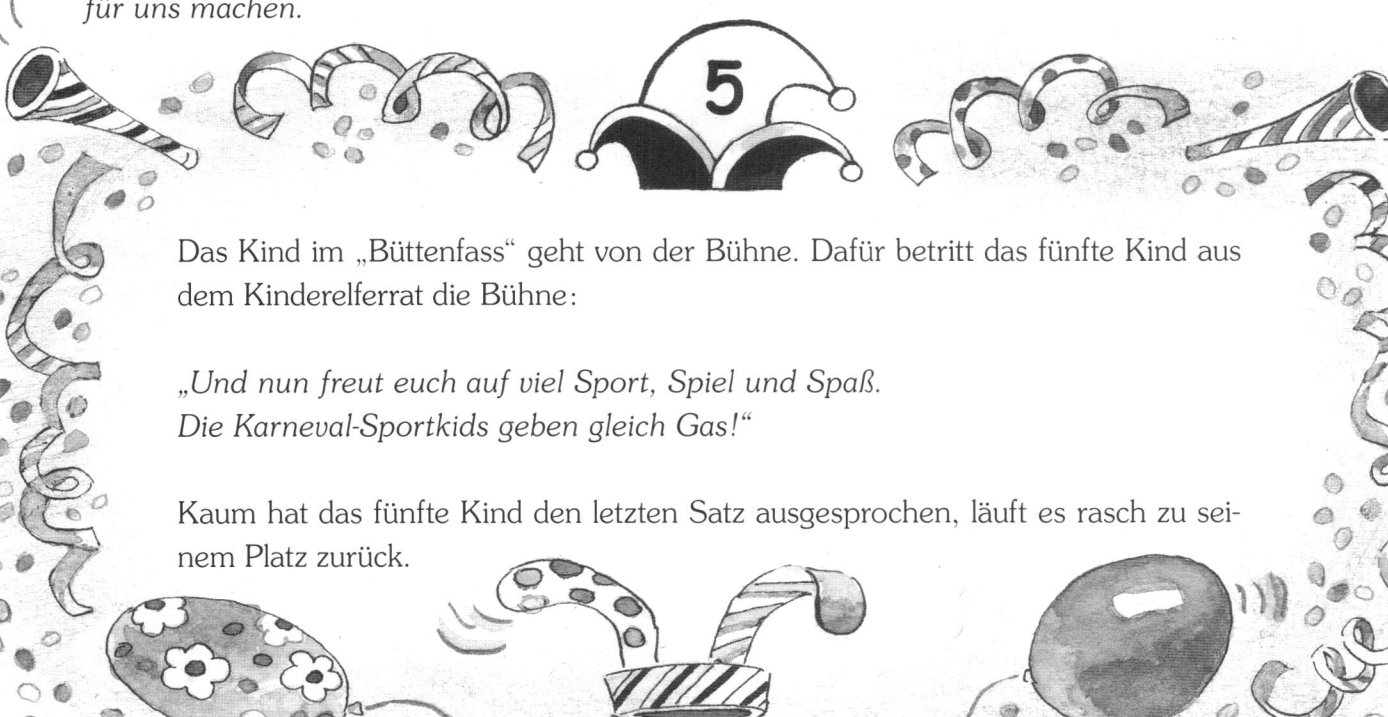

Das Kind im „Büttenfass" geht von der Bühne. Dafür betritt das fünfte Kind aus dem Kinderelferrat die Bühne:

„Und nun freut euch auf viel Sport, Spiel und Spaß.
Die Karneval-Sportkids geben gleich Gas!"

Kaum hat das fünfte Kind den letzten Satz ausgesprochen, läuft es rasch zu seinem Platz zurück.

Karnevals-Sportkids

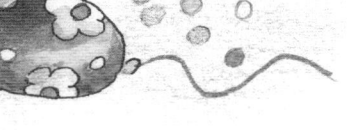 **Nr. 15** *Lied: Flummi-Song (Instrumental [→ S. 87])*

Alter: ab 3 Jahren
Material: 1 Trampolin, 1 Weichbodenmatte, CD-Player, CD

Drei bis vier Erwachsene holen eine Weichbodenmatte und ein Trampolin, das sie vor der Matte auf der Bühne platzieren. Die Spielleitung schaltet die Musik an und stellt sich neben das Trampolin. Ein paar kostümierte Kinder aus der Gruppe springen der Reihe nach auf das Trampolin und machen Strecksprünge auf die Weichbodenmatte. Hebt die Spielleitung einen Arm in die Luft, nehmen die Kinder der Reihe nach erneut Anlauf, springen auf das Trampolin und machen dieses Mal Purzelbäume auf die Weichbodenmatte. Im dritten Durchlauf sind die Saltos dran.

Hinweis: Möchte ein Kind lieber keine Purzelbäume oder Saltos schlagen, dann kann es weiterhin auch Strecksprünge machen!
Das Spiel endet, sobald die Spielleitung die Musik ausschaltet.

Das sechste Kind aus dem Kinderelferrat betritt die Bühnenmitte, deutet auf den Boden und sagt:

„Jetzt kommt der lustige Clown hier her. Bühne frei! Ich freue mich so sehr!"

Während sich das Kind auf eine Bühnenseite stellt, betritt der „Clown" die Bühne.

Luftschlangen-Clownerie

Alter: ab 5 Jahren
Material: Schminkstift in Rot, 1 ulkiger Hut, Luftschlangen

Die Spielleitung malt dem Kind eine dicke, rote Clownsnase und setzt ihm einen ulkigen Hut auf. In die Hosentaschen, unter Pullover und Hut kommen auseinandergepustete und ein bis zwei Luftschlangenrollen.

Der Clown stolpert zur Bühnenmitte. Er begrüßt das Publikum und lüpft dabei seinen Hut: Alle Luftschlangen fallen auf den Boden. Er bückt sich: Prompt fliegen die nächsten Luftschlangen unter seinem Pullover heraus. Er stellt sich wieder aufrecht hin, schüttelt verwundert den Kopf und greift in die Hosentaschen. Schwuppdiwupp zieht er die nächsten Luftschlangen aus der Hosentasche heraus. Der Clown bückt sich, nimmt ein bis zwei Luftschlangenrollen und pustet sie direkt ins Publikum.

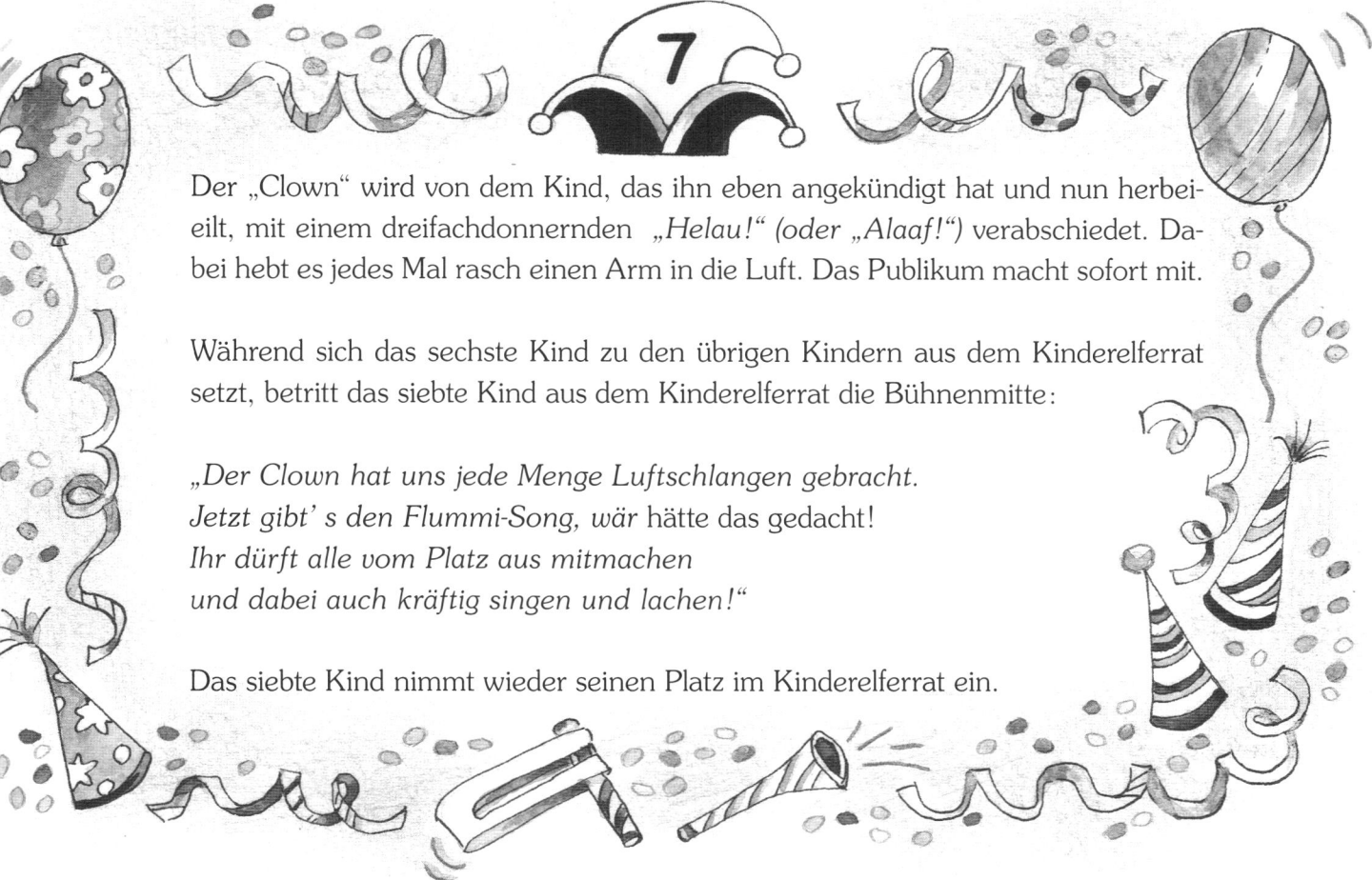

Der „Clown" wird von dem Kind, das ihn eben angekündigt hat und nun herbei-eilt, mit einem dreifachdonnernden „Helau!" (oder „Alaaf!") verabschiedet. Dabei hebt es jedes Mal rasch einen Arm in die Luft. Das Publikum macht sofort mit.

Während sich das sechste Kind zu den übrigen Kindern aus dem Kinderelferrat setzt, betritt das siebte Kind aus dem Kinderelferrat die Bühnenmitte:

„Der Clown hat uns jede Menge Luftschlangen gebracht.
Jetzt gibt' s den Flummi-Song, wär hätte das gedacht!
Ihr dürft alle vom Platz aus mitmachen
und dabei auch kräftig singen und lachen!"

Das siebte Kind nimmt wieder seinen Platz im Kinderelferrat ein.

Hüpfball-Kids

Nr. 11 *Lied: Flummi-Song* (→ S. 87)

Im Gegensatz zu dem ursprünglichen Mit-machlied dürfen die Kinder auf der Bühne mit ihren Hüpfbällen auf der Stelle hüpfen. Die Kinder im Publikum dürfen vom Platz aus dann den Po im Takt kurz anheben. Das Publikum macht stets alles sofort nach.

Alter: ab 3 Jahren
Material: für 5 bis 6 Kinder jeweils
1 Hüpfball (Durchmesser ca. 60 cm) oder
1 Hüpfball-Junior (Durchmesser ca. 45 cm)

Jedes Kind erhält einen Hüpfball. Diese stellen die Flummis dar. Die Hälfte der Kinder hüpft auf der rechten und die andere Hälfte auf der linken Bühnenseite auf ihren Hüpfbällen zur Bühnenmitte. Sitzen die Kinder mit genügend Abstand zueinander in einer Reihe, schaltet die Spielleitung die Musik ein. Die Kinder singen und machen die dazu passenden Bewegungen.

Abweichende Bewegungen zum „Flum-mi-Song" (→ S. 87):

✳ Refrain: Die Kinder hüpfen zur Musik mit dem Hüpfball auf der Stelle.
✳ 1. Strophe: *„Wenn ich ein Flummi wär, …"*: Hochhüpfen; *„Flummis sind wahre Künstler, …"*: Zur Musik mit dem Hüpfball auf der Stelle hüpfen.
✳ 2. Strophe: *„Früh am Morgen, …"*: Auf sich selbst deuten, hinter den Hüpfball stellen, ihn anheben.

Ist das Lied beendet, hüpfen die Kinder auf ihren Hüpfbällen den gleichen Weg zurück.

Es betritt das achte Kind aus dem Kinderelferrat kurz die Bühnenmitte und sagt dabei:

„Eine Bauchredner-Nummer gibt es auch noch heute.
Freut euch auf … (Vorname des Kindes) mit einem seiner Freunde!"

BauchrednerIn

Alter: ab 5 Jahren
Material: 1 kleiner Tisch, 1 Leintuch und
1 Handspielpuppe, Luftschlangen

Zwei Erwachsene tragen einen kleinen Tisch auf die Bühne, auf den sie ein großes blickdichtes Leintuch legen, das bis zum Boden reicht.

Ein Kind kriecht unter den Tisch. Es spricht von dort aus den Text für die Handspielpuppe. Ein weiteres Kind, das ein paar auseinandergepustete Luftschlangen um den Hals gewickelt hat, spielt den Bauchredner oder die Bauchrednerin und betritt mit einer Handspielpuppe die Bühne. Das Kind verbeugt sich vor dem applaudierenden Publikum, setzt sich auf den Tisch und sagt:

BauchrednerIn:	*„Hallo, ihr Jecken und Narren. Ich bin … (Vorname des Kindes) und bin ein(e) Bauchredner(In). Das ist meine Handspielpuppe. Ich werde sie mal fragen, wie es ihr geht. Hallo, wie geht es dir?"*
Handspielpuppe:	*„Bla bla bla …!"*
BauchrednerIn:	*„Was hast du gesagt?"*
Handspielpuppe:	*„Bla bla bla …!"*
BauchrednerIn:	*„Was soll das heißen? Du kannst doch nicht „Bla bla bla" zu dem Publikum sagen!"*
Handspielpuppe:	*„Warum nicht?"*
BauchrednerIn:	*„Das gehört sich nicht!"*
Handspielpuppe:	*„Langweilig!"*
BauchrednerIn:	*„Was ist langweilig?"*
Handspielpuppe:	*„Du!"*
BauchrednerIn:	*„Wieso ich?"*
Handspielpuppe:	*„Na, weil du immer ‚bla, bla, bla' sagst!"*

BauchrednerIn:	*„Das wird mir jetzt zu doof!"*
Handspielpuppe:	*„Doof sagt man nicht!"*
BauchrednerIn:	*„Dann sage ich eben auch ‚Bla, bla, bla'!"*
Handspielpuppe:	*„Jetzt können wir bestimmt auch mit diesen Lauten singen!"*
BauchrednerIn:	*„Wie ist das nun wieder gemeint!"*
Handspielpuppe:	*„Dann hör mal gut zu und sing am besten gemeinsam mit dem Publikum einfach mit!"*

Die „Handspielpuppe" deutet auf das Publikum und beginnt zu der Melodie „Alle meine Entchen" oder ein für alle Kinder anderes bekanntes kurzes Lied *„Bla, bla, bla ..."* zu singen. Das Publikum macht kräftig mit.

BauchrednerIn:	*„Ich wusste gar nicht, dass „Bla bla bla!" so schön sein kann."*
Handspielpuppe:	*„Darauf ein dreifachdonnerndes ‚Helau!' (oder ‚Alaaf!')."*

Das Kind unter dem Tisch ruft ebenfalls dreimal kurz hintereinander: *„Helau!"* (oder *„Alaaf!"*) Das Publikum macht sofort mit. Währenddessen geht das Kind mit seiner Handspielpuppe von der Bühne.

Das neunte Kind aus dem Kinderelferrat geht zur Bühnenmitte, während der Tisch von der Bühne abgebaut wird:

„Jetzt ist es endlich soweit:
Denn es wird höchste Zeit.
Die Indianer sind dran
und fangen zu singen an."

Das neunte Kind setzt sich zurück auf seinen Platz im Kinderelferrat.

Wir spielen Indianer

🔘 **Nr. 14** *Lied: Wir sind Indianer (Instrumental [→ S. 39])*

Material: jede Menge kurze und lange Indianerfedern

Sechs bis acht Kinder, die nicht als IndianderInnen verkleidet sein müssen und aufgrund dieser Tatsache schon lustig auf das Publikum wirken, betreten jeweils mit einem Stuhl und einer Indianerfeder bewaffnet die Bühne und bilden einen Halbkreis und zwar so, dass sie das Publikum gut sehen können. Ein paar Erwachsene verteilen zudem Federn im Publikum. Die Kinder auf der Bühne stellen sich mit dem Gesicht dem Publikum zugewandt vor ihre

Stühle und halten ihre Federn hinter dem Kopf hoch, das Publikum macht es ihnen nach und los geht das Indianer-Singvergnügen:

Abweichende Bewegungen zum Lied „Wir sind die Indianer" (→ S. 39):

✳ Refrain: Aufstehen und im Takt zwischen den Stühlen herumlaufen.

✳ 2. Strophe: „*Wir verjagen Ungeheuer, …*": Erst auf die Kinder im Publikum, dann zur Decke, schließlich auf das imaginäre Lagerfeuer deuten.

Hinweis: Falls die Kinder das Lied nur mitsingen möchten, kann die Spielleitung auch das Lied mit Gesang (🔘 Nr. 5) abspielen.

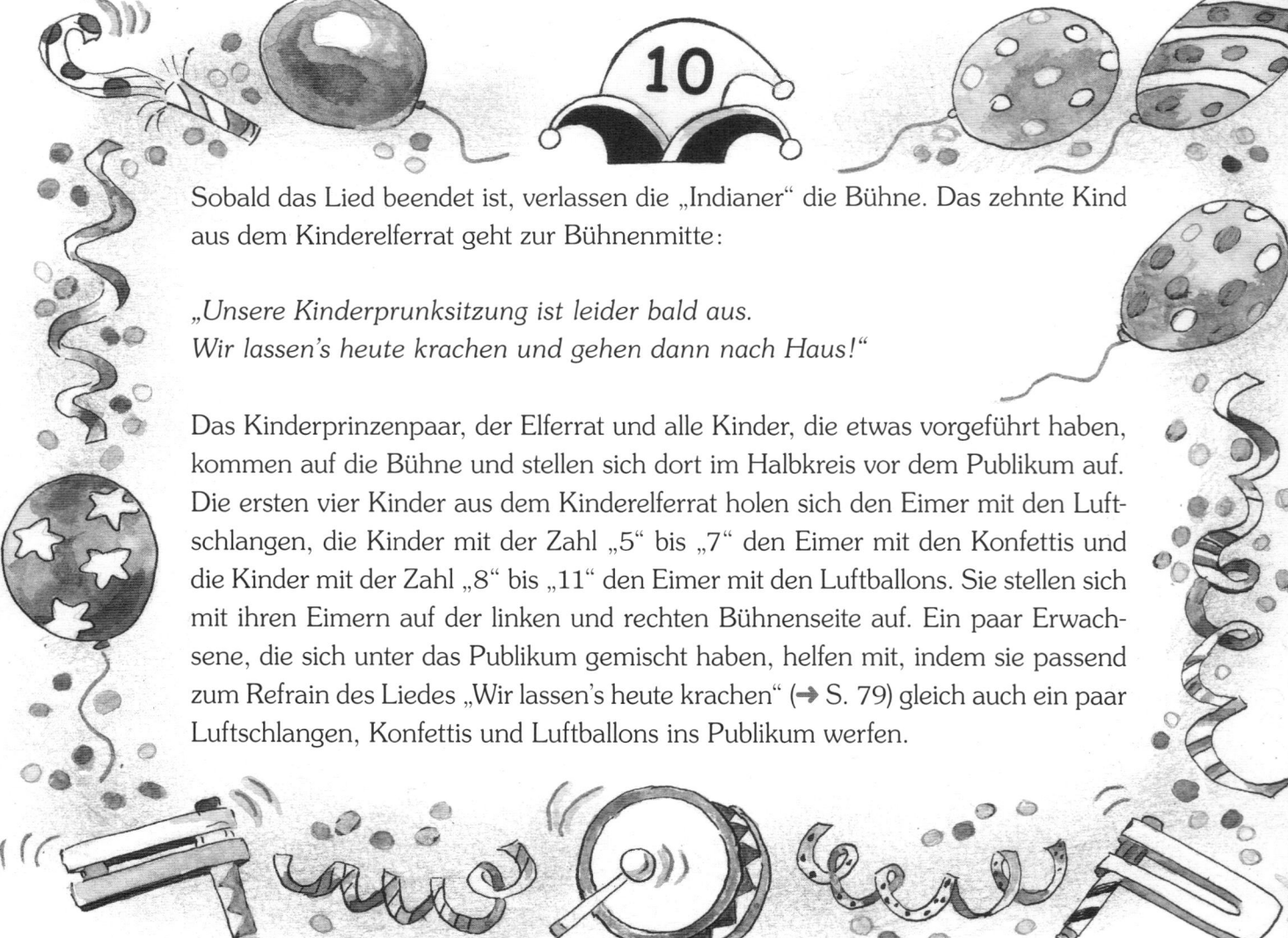

Sobald das Lied beendet ist, verlassen die „Indianer" die Bühne. Das zehnte Kind aus dem Kinderelferrat geht zur Bühnenmitte:

„*Unsere Kinderprunksitzung ist leider bald aus.*
Wir lassen's heute krachen und gehen dann nach Haus!"

Das Kinderprinzenpaar, der Elferrat und alle Kinder, die etwas vorgeführt haben, kommen auf die Bühne und stellen sich dort im Halbkreis vor dem Publikum auf. Die ersten vier Kinder aus dem Kinderelferrat holen sich den Eimer mit den Luftschlangen, die Kinder mit der Zahl „5" bis „7" den Eimer mit den Konfettis und die Kinder mit der Zahl „8" bis „11" den Eimer mit den Luftballons. Sie stellen sich mit ihren Eimern auf der linken und rechten Bühnenseite auf. Ein paar Erwachsene, die sich unter das Publikum gemischt haben, helfen mit, indem sie passend zum Refrain des Liedes „Wir lassen's heute krachen" (→ S. 79) gleich auch ein paar Luftschlangen, Konfettis und Luftballons ins Publikum werfen.

Sitzungsende

Wir lassen's heute krachen

Nr. 7, 17

Text und Musik: Anke Drape

Material: 3 Eimer gefüllt mit Luftschlangen, Konfettis und Luftballons, 1 Luftballonpumpe

Strophe

1. Wir las-sen's heu-te kra-chen, wir fei-ern ei-ne rie-sen Par-ty.
Wir las-sen's heu-te kra-chen, wir fei-ern ei-ne rie-sen Par-ty.

Wir las-sen's heu-te kra-chen, und je-der soll uns hörn.
Wir las-sen's heu-te kra-chen, und kei-ner soll uns störn.

Pre-Chorus

Je-der ist hier gut ge-launt und tanzt zu der Mu-sik.

Kei-ner will nach Hau-se gehn. Weißt du, wo-ran das liegt?

Refrain

1. Das ist der Luft-schlan-gen-tanz, der Luft-schlan-gen-tanz, das ist der

Luft-schlan-gen-tanz, der Luft-schlan-gen-tanz, der Luft-schlan-gen-tanz, das ist

der Luft-schlan-gen-tanz, der Luft-schlan-gen-tanz. *(3x wiederholen)*

Spielanregung

Alle gemeinsam singen und bewegen sich zum nachfolgenden Lied:

*1. Wir lassen's heute krachen,
wir feiern eine riesen Party.
Wir lassen's heute krachen,
und jeder soll uns hörn.
Wir lassen's heute krachen, wir …
Wir lassen's heute krachen,
und keiner soll uns störn.
Jeder ist hier gut gelaunt
und tanzt zu der Musik.
Keiner will nach Hause gehen.
Weißt du, woran das liegt?*

Hände auf die Oberschenkel patschen.

Eine Hand hinter ein Ohr halten.

s. o.
Arme vor dem Bauch verschränken,
mürrisch gucken.
Hände an die Hüften,
den Oberkörper rhythmisch hin und her bewegen.
Auf der Stelle gehen.
Kopf schütteln.

Refrain:

*1. Das ist der Luftschlangentanz,
der Luftschlangentanz, das ist der
Luftschlangentanz, der Luftschlangentanz, der Luftschlangentanz, das ist der Luftschlangentanz, der Luftschlangentanz, der
Luftschlangentanz, der Luftschlangentanz.*

Alle drehen sich um die eigene Achse, die ersten vier des
Kinderelferrats werfen fast alle ihre noch nicht auseinandergepusteten Luftschlangen ins Publikum.

*2. Wir lassen's heute krachen,
wir feiern eine riesen Party.
Wir lassen's heute krachen
und alles ist erlaubt.
Wir lassen's heute krachen, wir …
Wir lassen's heute krachen,
bis der Morgen kommt.
Jeder ist hier gut gelaunt und …
Keiner will nach Hause gehen.
Weißt …*

s. 1. Strophe

Arme weit nach vorne ausstrecken.

s. o.
Beide Daumen über die Schultern nach hinten strecken.

s. 1. Strophe
s. 1. Strophe

Refrain:

*2. Das ist der Konfettitanz, der
Konfettitanz, …*

s. 1. Refrain, die Kinder mit den Zahlen „5"–„7" des
Kinderelferrats werfen fast alle Konfetti ins Publikum.

3. *Wir lassen's heute krachen,*
wir feiern eine riesen Party.
Wir lassen's heute krachen
und jeder ist dabei.
Wir lassen's heute krachen, wir ...
Wir lassen's heute krachen,
fühl dich einfach frei.
Jeder ist hier gut gelaunt ...
Keiner will nach Hause gehen.
Weißt ...

s. 1. Strophe

Mit dem Zeigefinger auf die
Kinder im Publikum deuten.
s. o.
Arme vor Freude
in die Luft reißen.
s. 1. Strophe
s. 1. Strophe

Refrain:

3. *Das ist der Luftballontanz, der*
Luftballontanz, ...

s. 1. Refrain, die Kinder mit den Zahlen „8"–„11" des
Kinderelferrats werfen viele nicht aufgeblasene Luftballons ins Publikum.

Refrain:

4. *Jeder ist hier gut gelaunt ...*
Keiner will nach Hause gehen.
Weißt ...
Das ist der Luftschlangentanz,
der Konfettitanz, das ist der Luft-
ballontanz, der Luftschlangen-
tanz, ...

s. 1. Strophe
s. 1. Strophe

Der Kinderelferrat wirft die restlichen nicht auseinandergepusteten Luftschlangen, Konfettis und nicht aufgeblasenen Luftballons ins Publikum.

Hinweis: Die Luftschlangen werden weder auseinandergepustet noch die Luftballons aufgeblasen. Die Kinder im Publikum dürfen dies am Schluss selbst tun oder die Sachen einfach so mit
nach Hause nehmen.

Am Schluss betritt das letzte und somit elfte Kind aus dem Kinderelferrat die Bühnenmitte:

„Jedes Kind auf der Bühne war einfach sehr gut.
Denn für eine Darbietung gehört ganz viel Mut.
Darum sollt ihr alle einen Karnevalsorden haben.
Ihr wart einfach spitze, das wollte ich euch nur noch sagen."

Die anderen Kinder des Kinderelferrats treten ebenfalls alle hervor, um den Kindern auf der Bühne jeweils einen Karnevalsorden um den Hals zu hängen (➜ S. 65).

Es erfolgt ein Tusch (Nr. 13) . Alle Kinder auf der Bühne verbeugen sich vor dem applaudieren Publikum.

Am Ende sagen alle Kinder auf der Bühne ganz laut:

„Nun kommt alle gut nach Haus.
Die Kinderprunksitzung ist jetzt aus!"

Narrenspaß & Mummenschanz

Kita

Kinder freuen sich, wenn sie ihre Eltern und ihre Geschwister in den Kindergarten einladen dürfen, um miteinander ausgiebig Karneval zu feiern. Und wenn nicht nur die Kinder, sondern auch deren Eltern und Geschwister kostümiert und geschminkt zur Karnevalsfeier erscheinen, dann ist die Freude bei den Kindern bestimmt besonders groß.

Im Folgenden wird eine Eltern-Kind-Karnevalsfeier im Gruppenraum vorgestellt, die für Kindergartenkinder und für deren jüngere Geschwister hervorragend geeignet ist.

Der erste Teil der Feier besteht aus Spielideen und Mitmachliedern und dauert maximal 30 Minuten. Danach gibt es Kaffee, Tee und Kuchen, den die Eltern auf Bitte der ErzieherInnen hin sicherlich gerne mitbringen. Da Eltern oftmals gerne etwas länger am Kaffeetisch verweilen, werden auch noch ein paar Spiele für zwischendurch, z. B. am Mal- und Basteltisch, vorgestellt, die sich als Pausenfüller sehr gut eignen. Für einen stimmungsvollen Abschluss sorgen einige Spielideen, die ca. 15 Minuten dauern und den Karneval feierlich beenden.

Einladen und Dekorieren

Luftschlangen-Einladung

Alter: ab 3 Jahren
Material: pro Kind 1 leere
Toilettenpapierrolle und 1 weißes kleines
Stück Papier, verschieden farbige Papierreste,
Bleistift, Luftschlangen, 1 Filzstift, Klebestift,
Kopierer

Und so wird's gemacht:

1. Die Spielleitung unterteilt für jedes Kind
   eine leere Toilettenpapierrolle mithilfe des
   Bleistifts in etwa gleich große Ringe.
2. Die Kinder bekleben die Ringe mit Papierschnipseln in jeweils einer bestimmten
   Farbe.
3. Die Spielleitung kopiert für jedes Kind den
   Einladungstext (➜ rechts).
4. Jedes Kind rollt sein Einladungsschreiben
   ein und steckt es in seine beklebte Rolle.
5. Jedes Kind pustet eine Luftschlange ordentlich auseinander und füllt damit den restlichen Hohlraum seiner Rolle.
6. Die Spielleitung schreibt für jedes Kind auf
   ein kleines Stück Papier in großen Druckbuchstaben das Wort „Einladung", das die
   Kinder schließlich auf ihre Rollen kleben.

Liebe Mama und lieber Papa,

Karneval feiern wir mit euch so gern.
Wir laden alle ein von nah und fern.

Am ...

um ... Uhr

dürfen auch alle Eltern kostümiert mitfeiern.

Ihr dürft alle Leckereien hier unten eintragen.
Was ihr mitbringen könnt, werde ich euch gerne
sagen.

Auf euer Kommen freue ich mich sehr!

Dein(e)

... (Name)

Ich bringe mit:
(z. B. Kuchen, Brezeln, Apfelsaft ...)

PS: Geschwister sind natürlich auch herzlich
willkommen!!!

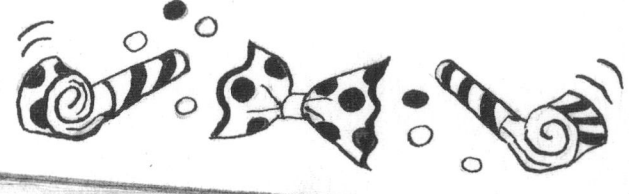

Pappteller-Gesichter

Alter: ab 3 Jahren
Material: pro Kind 1 Pappteller, Fingerfarben, Tonpapier- und Krepppapierreste, Indianerfedern (ca. 12 cm–17 cm), Bleistifte, Scheren, Klebestift, Heftapparat, Lochzange, Wolle, Reißzwecke, Klebeband

Jedes Kind erhält einen Pappteller und malt darauf mithilfe der Fingerfarben z. B. ein Clown-, Indianer-, oder Piratengesicht.
Ist die Farbe trocken, können die Kinder z. B. für den Clown eine dicke rote kugelförmige Nase aus roten Krepppapierresten formen, für den Pirat eine Augenklappe auf schwarze Tonpapierreste aufzeichnen, ausschneiden und aufkleben oder für den Indianer ein oder mehrere Federn aussuchen, die sie auf der Rückseite des Papptellerrandes anheften.
Zum Schluss stanzt die Spielleitung mithilfe der Lochzange aus den Papptellerrändern je ein Loch aus, durch das sie jeweils einen ca. 60 cm–80 cm langen Wollfaden durchfädelt und am Papptellerrand verknotet. Die einzelnen Gesichter aus Pappe befestigt sie mithilfe des anderen Fadenendes und Reißzwecken an der Decke. Wer möchte, kann seinen bemalten Pappteller ohne Faden auch einfach mithilfe eines Klebebands auf die Fensterscheibe oder Wand kleben.

Karnevals-Tisch

Alter: ab 3 Jahren
Material: 1 kleiner Tisch, Papierschnipsel-Hüte (→ S. 33), verschiedene Karnevalskostüme und -artikel

Die Kinder dekorieren einen kleinen Tisch passend zur fünften Jahreszeit. Dazu verteilen sie ein paar passende Kleidungsstücke aus der Kleiderkiste des Kindergartens sowie einige Faschingsartikel, wie z. B. Luftschlangen, Konfettis, Tröten, Papierschnipsel-Hüte und Karnevals-Schminke, auf einem Tisch. Der Karnevals-Tisch ist ein toller Blickfang und kann z. B. am Eingangsbereich stehen.

Karneval der Kuscheltiere

Alter: ab 3 Jahren
Material: Kuscheltiere, Papierschnipsel-Hüte (→ S. 33), Karnevalsartikel (z. B. Luftschlangen, Konfettis und Papiertröten)

Immer ein bis drei Kinder holen sich jeweils ein Kuscheltier. Die Kinder bilden einen großen Sitzkreis, in dessen Mitte die Spielleitung jede Menge Karnevalsartikel platziert. Die Kinder holen sich der Reihe nach einen Karnevalsartikel. Je nachdem, was sie sich gerade ausgesucht haben, können sie ihren Kuscheltieren z. B. einen kunterbunten Hut aufsetzen, Konfettis über den Kopf streuen oder Luftschlangen, die sie zuvor ordentlich auseinandergepustet haben, um den Hals hängen. Die Kuscheltiere setzen sie dann z. B. auf die Fensterbank oder auf den dafür vorbereiteten Karnevals-Tisch (→ oben).

Begrüßung

Helau! (oder Alaaf!)

Alter: ab 3 Jahren

Sind alle Kinder, deren Eltern und Geschwister im Gruppenraum angekommen, bildet die Spielleitung gemeinsam mit der Gruppe einen großzügigen Stuhlkreis. Die Spielleitung heißt alle erst einmal mit einem dreifachdonnernden „Helau!" (oder: „Alaaf!") herzlich willkommen. Dabei hebt sie jedes Mal rasch den Arm in die Luft. Die Kinder mit Anhang tun es ihr nach.

Begrüßung mit Ball

Nr. 1 *Lied: Hallo, Kinder, kommt herein* (→ S. 22)

Alter: ab 3 Jahren
Material: 1 kleiner, roter Softball, CD-Player und CD

Die Erwachsenen bauen einen Stuhlkreis mit Stühlen in der Anzahl der Gruppe auf. Die Gruppe steht im Kreis um den Stuhlkreis herum. Die Spielleitung legt einen kleinen Softball unter einen Stuhl.

Zum Rhythmus der Musik hüpfen alle mit geschlossenen Beinen im Uhrzeigersinn herum. Stoppt die Musik, setzen sich alle rasch auf einen Stuhl. Die Person, die gerade auf dem Stuhl sitzt, unter dem sich der Softball befindet, stellt sich kurz vor, z. B. *„Hallo! Ich heiße Frau Mustermann und bin die Mutter von ..."*, und rollt den Ball dann einer anderen Person zu, z. B. zu einem Kind, das sich ebenfalls vorstellt usw.

Stellt die Spielleitung die Musik wieder an, legt die Person, die sich gerade der Gruppe vorgestellt hat, den Ball rasch unter seinen Stuhl und hüpft mit den anderen im Takt zur Musik wieder so lange im Uhrzeigersinn herum, bis die Spielleitung erneut die Pausentaste des Abspielgeräts drückt. Eine neue Vorstellungsrunde startet. Falls eine Person zweimal den Ball erhält, rollt sie den Ball einfach einer anderen Person zu. Eine neue Vorstellungsrunde startet. Das Spiel ist beendet, sobald sich alle kurz vorgestellt haben.

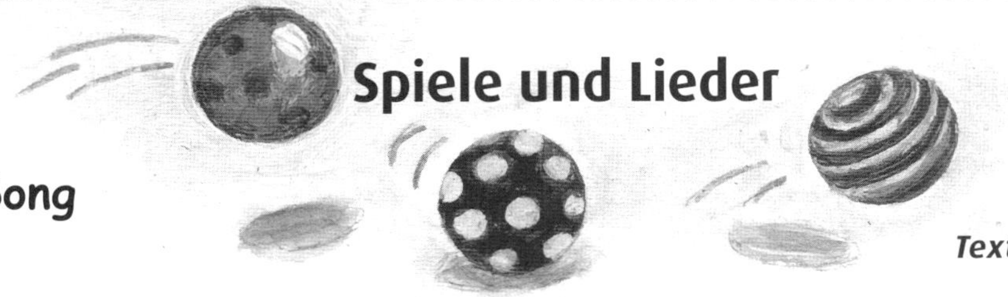

Spiele und Lieder

Flummi-Song

Nr. 11, 15

Text und **Musik:** Anke Drape

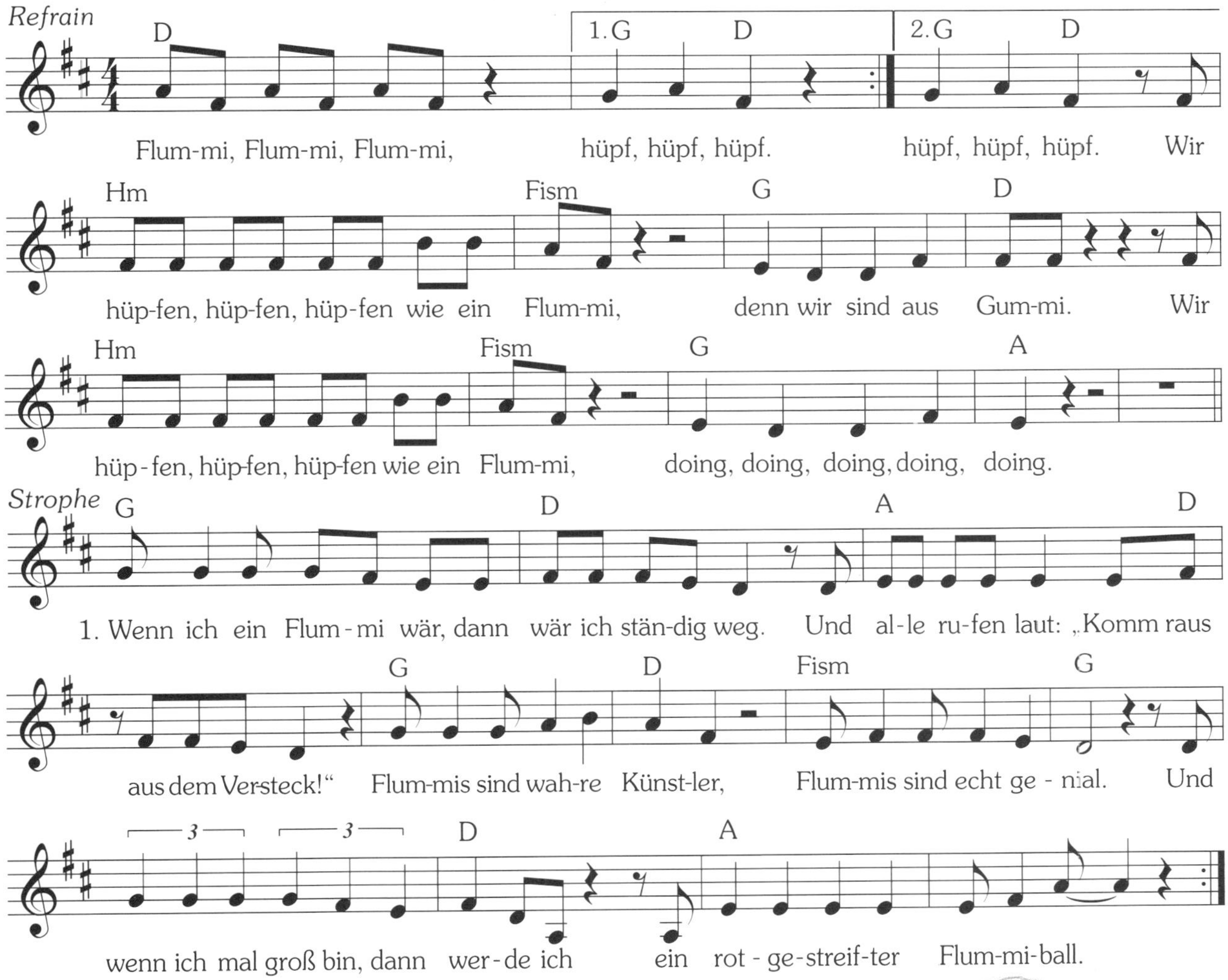
Refrain
D
1.G D
2.G D
Flum-mi, Flum-mi, Flum-mi, hüpf, hüpf, hüpf. hüpf, hüpf, hüpf. Wir
Hm Fism G D
hüp-fen, hüp-fen, hüp-fen wie ein Flum-mi, denn wir sind aus Gum-mi. Wir
Hm Fism G A
hüp-fen, hüp-fen, hüp-fen wie ein Flum-mi, doing, doing, doing, doing, doing.
Strophe
G D A D
1. Wenn ich ein Flum-mi wär, dann wär ich stän-dig weg. Und al-le ru-fen laut: „Komm raus
G D Fism G
aus dem Versteck!" Flum-mis sind wah-re Künst-ler, Flum-mis sind echt ge-nial. Und
3 3 D A
wenn ich mal groß bin, dann wer-de ich ein rot-ge-streif-ter Flum-mi-ball.

Spielanregung

Die Gruppe steht zusammen in einem großzügigen Kreis und singt und bewegt sich zum nachfolgenden Lied:

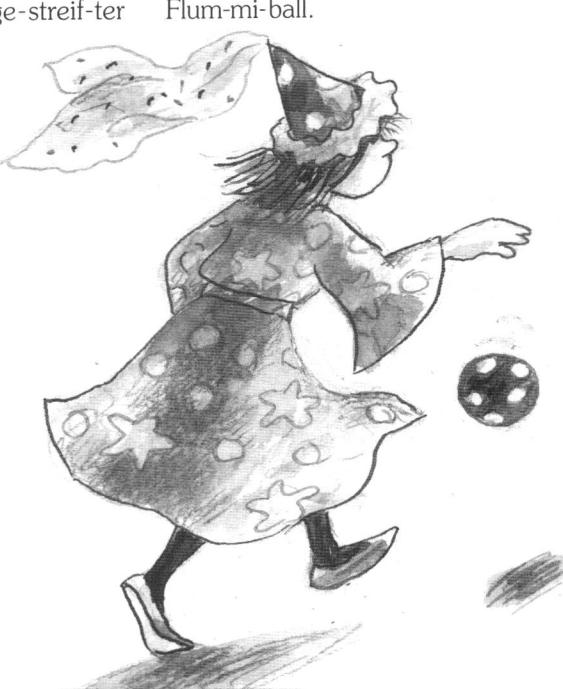

Refrain:

Flummi, Flummi, Flummi,
hüpf, hüpf, hüpf. (2×)
Wir hüpfen, hüpfen, hüpfen
wie ein Flummi,
denn wir sind aus Gummi.
Wir hüpfen, hüpfen, hüpfen
wie ein Flummi,
doing, doing, doing, doing, doing.

Zur Musik auf der Stelle hüpfen.

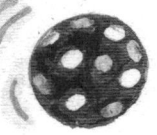

1. Wenn ich ein Flummi wär,
dann wär ich ständig weg.
Und alle rufen laut:
„Komm raus aus dem Versteck!"
Flummis sind wahre Künstler,
Flummis sind echt genial.
Und wenn ich mal groß bin,
dann werde ich ein rot-gestreifter
Flummiball.

Auf sich selbst deuten,
die Hände vor die Augen halten.

Hände von den Augen wegziehen.
Zur Musik Hände auf die Oberschenkel patschen.

Sich recken und strecken,
zur Musik auf die Brust tippen.

(Refrain: s. o.)

2. Früh am Morgen, wenn sich
noch nichts bewegt, schnapp ich
meinen Flummi und schau nach,
ob er noch geht.
Plötzlich klingelt es an meiner
Tür. Ich gehe hin und mache auf.
Da steht mein Nachbar im Schlaf-
anzug und der sieht ganz schön
wütend aus.

Auf sich selbst deuten,
einen imaginären Ball
auf den Boden prellen.

Pantomimisch die Tür öffnen.

Auf ein anderes Kind deuten,
im Takt die Füße auf den Boden stampfen,
Hände zu Fäusten ballen.

(Refrain: s. o.)

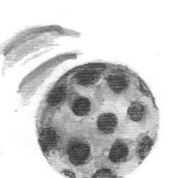

3. *Flummis gibt's in Grün,*
in Blau oder in Gelb.
Ich hab ihn mir sogar schon mal
im Internet bestellt.
Und wer noch keinen Flummi
hat, der sollte sich beeilen.
Denn nach diesem Lied sind sie
ausverkauft, denn jeder möchte
einen tollen ...

(Refrain: s. o.)

Eine Faust bilden, nacheinander Daumen, Zeige- und Mittelfinger ausstrecken.
Finger tippen auf einer imaginären Computertastatur.

Zur Musik auf der Stelle gehen.

Beide Arme schnell hinter dem Rücken verschwinden lassen, Daumen hochheben, den Arm dabei nach vorne strecken.

Flummi-Quatsch

Alter: ab 3 Jahren
Material: 1 Flummi, 1 Papiertröte

Alle stehen im Kreis beisammen. Die Spielleitung steckt einen Flummi in die Hosentasche oder versteckt ihn einfach unter ihrem Pullover. Sie steht in der Kreismitte und sagt:

„Alle Jecken und Narren im
Kreis, hüpfen so wie ein Flummi
ganz leis'!"

Alle hüpfen auf der Stelle, bis die Spielleitung die nächste Anweisung gibt.

„Alle Jecken und Narren im
Kreis, hüpfen jetzt noch viel hö-
her ganz leis!"

Die Gruppe hüpft immer höher, bis die Spielleitung die Papiertröte bedient und die nächste Anweisung gibt.

„Stopp! Unser Flummi ist weg!"
Komm raus aus dem Versteck!"

Alle kitzeln sich gegenseitig, um den imaginären Flummi wieder zum Vorschein zu bringen, so lange bis die Spielleitung auf einmal ...

„Hurra! Hurra! Hurra! Der
Flummi ist nun da!"

... ruft und den echten Flummi aus der Hosentasche oder unter dem Pullover hervorholt.

Wenn sie möchten, dürfen die Kinder im Kreis ein Weilchen mit dem Flummi spielen.

Flummi-Stopp

Mithilfe des folgenden Spiels nehmen alle bewusst eine Vielzahl an Kostümen wahr.

Alter: ab 3 Jahren
Material: 1 Flummi

Bis auf ein Kind stehen alle zusammen in einem Kreis. Das Kind in der Kreismitte erhält von der Spielleitung einen Flummi, den es einmal leicht vor sich auf den Boden prellt. Die Gruppe hüpft so lange auf der Stelle, bis der Flummi auf dem Boden liegen bleibt und die Spielleitung *„Stopp!"* ruft. Alle bleiben blitzschnell stehen. Die Spielleitung wählt ein Kind aus, das besonders schnell stehen geblieben ist, und bittet es passend zum Kostüm in die Kreismitte, indem sie z. B. sagt:

„Der Cowboy kam schnell zum Stehen. ... (Vorname oder Nachname) darf in die Kreismitte gehen!"

Falls das Kind nicht kostümiert sein sollte, setzt sie oben seinen Vornamen oder Nachnamen ein.
Die ausgewählte Person erhält den Flummi und setzt das Spiel fort und leitet so eine zweite Spielrunde ein usw. Das Spiel endet, wenn alle einmal in der Kreismitte waren oder die Spielleitung das Spiel vorher abbricht.

Luftschlangen-Alarm

Alter: ab 3 Jahren
Material: pro Erwachsener drei Luftschlangen, 1 Handtrommel

Alle Erwachsenen sitzen mit Luftschlangen in der Hand im Stuhlkreis. Die Kinder stehen vor ihnen im Innenkreis.
Die Spielleitung trommelt mit der Handtrommel. Die Kinder hüpfen zum Rhythmus des Trommelspiels kreuz und quer im Innenkreis herum. Stoppt die Spielleitung das Trommelspiel und ruft laut *„Luftschlangen-Alarm!"*, pusten die Erwachsenen die Luftschlangen ordentlich auseinander und versuchen die Kinder dabei zu treffen. Alle Kinder flüchten blitzschnell unter jeweils einen freien Stuhl.
Erst, wenn alle Kinder sich unter den Stühlen befinden, beginnt eine neue Spielrunde. Nach drei bis vier Durchgängen findet eine große Luftschlangen-Schlacht statt, an der sich auch die Erwachsenen beteiligen dürfen.

Variante

Die Kinder kriechen im Innenkreis etwas unter ihre Stühle und zwar so, dass sie nach außen blicken. Die Erwachsenen haben Luftschlangen in der Hand und gehen im Takt zum Trommelspiel hintereinander links im Außenkreis herum. Stoppt die Spielleitung das Trommelspiel und ruft *„Luftschlangen-Alarm!"*, knien sich die Erwachsenen hin und pusten die Luftschlangen unter die Stühle. Die Kinder fliehen blitzschnell in den Innenkreis.
Nach einigen Spielrunden ruft die Spielleitung *„Luftschlangen-Schlacht"* und alle bewerfen sich gegenseitig mit den auseinandergepusteten Luftschlangen.

Auf Elefantenfährte

Alter: ab 3 Jahren
Material: pro Person 1 Papiertröte,
1 Augenbinde; evtl. 1 zusätzliche
Augenbinde

Ein paar Kinder und Erwachsene erhalten jeweils eine Papiertröte von der Spielleitung. Sie spielen kleine und große Elefanten.
Die Spielleitung wählt ein beliebiges Kind aus, das sich von ihr in der Kreismitte die Augen verbinden lässt.
Auf ein Kommando der Spielleitung hin macht das Kind sich auf die Suche nach einem Elefanten. Dabei lassen die betreffenden Kinder und Erwachsene ihre Papiertröten erklingen, die beim Hineinblasen wie ein Rüssel ganz weit nach vorne ausfahren.
Läuft ein Kind auf eine Person zu, die keine Papiertröte besitzt, dann ruft diese laut:

„Stopp! Das ist die falsche Elefantenfährte!"

Schlägt es hingegen eine Person mit einer Papiertröte ab, ist die Spielrunde beendet. Das Kind nimmt seine Augenbinde ab und tauscht mit der betreffenden Person seinen Platz.
Die Elefantenjagd kann von Neuem beginnen. Nach ein paar Durchgängen beendet die Spielleitung das Spiel.

Variante ab 5 Jahren

Immer zwei bis drei Kinder begeben sich in die Kreismitte und lassen sich von der Spielleitung die Augen verbinden. Danach verläuft das Spiel so, wie oben beschrieben. Das Kind, das am schnellsten einen Elefanten erwischt, ist der Sieger.

Die Polonaise

Nr. 6

Text und *Musik:* Anke Drape

Strophe

G   Am

1. Ei - ner nach dem an - dern stellt sich auf, ei - ner nach dem an - dern reiht

D

sich ein, ei - ner nach dem an - dern hält sich fest, und wir

C   G *Refrain*   C

lau - fen fröh - lich los. 1. Da zieht die Po - lo - nai - se durch den Saal,

G   D   G   C

ei - ne Po - lo - nai - se, los noch mal. Sie ist noch ziem - lich klein, was ist da los?

G   D   Am   D   G

Macht doch ein - fach mit, dann wird sie   rie - sen - groß.

Spielanregung

Alle Kinder und Erwachsene, die mitmachen wollen, bilden eine große Schlange. Dabei können die Erwachsenen die jüngeren Kindergartenkinder oder Geschwister z. B. Huckepack oder einfach auf den Schultern tragen. Alle übrigen Kinder und Erwachsenen, die lieber zuschauen wollen, bleiben sitzen und klatschen im Takt zur Musik einfach mit:

*1. Einer nach dem andern stellt sich auf, einer nach dem andern reiht sich ein, einer nach dem andern hält sich fest, und wir **laufen** fröhlich los.*

Alle halten sich an den Hüften oder Schultern des Vordermannes/der Vorderfrau fest und folgen der Spielleitung, die gleich losgeht.

1. Refrain:

Da zieht die Polonaise durch den Saal, eine Polonaise, los noch mal.
Sie ist noch ziemlich klein, was ist da los?
Macht doch einfach mit, dann wird sie riesengroß.

Alle gehen zur Musik durch den Raum.

Alle zucken mit den Schultern.

Alle winken die anderen auf den Stühlen zum Mitmachen herbei.

*2. Einer nach dem anderen stellt sich auf, … und wir **hüpfen** jetzt im Takt.*

Siehe 1. Strophe, statt zu gehen, hüpfen alle.

2. Refrain:

Da hüpft die Polonaise durch den Saal, eine Polonaise los noch mal … Hüpft doch einfach mit …

Alle lassen sich los und hüpfen auf beiden Beinen hintereinander her.

*3. Einer nach dem anderen stellt sich auf, …, auf allen Vieren **kriechen** wir.*

Siehe 1. Strophe, statt zu gehen, knien sich alle hin und kriechen los.

3. Refrain:

Da kriecht die Polonaise durch den Saal, eine Polonaise los noch mal … Kriecht doch einfach mit …

Alle fassen ihre Vorderfrau/ihren Vordermann an die Füße und kriechen auf allen Vieren hintereinander her.

*4. Einer nach dem anderen stellt sich auf, … und wir **klatschen** jetzt ganz laut.*

Siehe 1. Strophe, statt zu gehen, stellen sich alle hin und klatschen zur Musik.

4. Refrain:

Da klatscht die Polonaise durch den Saal, eine Polonaise los noch mal … Klatscht doch einfach mit …

Die Spielleitung führt die Gruppe klatschend durch den Saal.

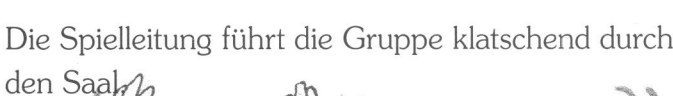

5. Einer nach dem anderen stellt sich auf, ... und wir **rennen** *jetzt ganz schnell.*

5. Refrain:

Da rennt die Polonaise durch den Saal, eine Polonaise los nochmal. Rennt doch einfach mit ...

Siehe 1. Strophe, statt zu gehen, laufen alle schnell los.

Alle laufen erst hintereinander her.

Alle laufen wild durcheinander.

Spiele für zwischendurch

Polonaise mit viel Radau

Alter: ab 3 Jahren
Material: 1 Handtrommel, pro Kind etwas das Krach macht (z. B. 1 Rätsche, 2 Topfdeckel, 1 Papiertröte, 1 Holzblocktrommel)

Jedes Kind bekommt ein Instrument oder sonstigen Gegenstand zum Krachmachen. Die Spielleitung holt sich eine Handtrommel und singt oder sagt die erste Strophe des Liedes „Polonaise" auf (➔ S. 92).
Alle Kinder bilden eine große Schlange. Die Spielleitung schlägt die Trommel und die Gruppe geht im Rhythmus des Trommelspiels hinter ihr her. Wenn möglich, halten sich alle an der Hüfte, dem Hosenbund oder an der Schulter des Vordermannes / der Vorderfrau fest. Sobald die Spielleitung mit Trommeln aufhört, stehenbleibt und *„Ihr lieben Kinder, vertreibt den Winter!"* ruft, lassen sich alle gegenseitig los und machen ganz viel Krach mit ihren Instrumenten oder Alltagsgegenständen. Sagt sie erneut die erste Strophe des Liedes „Polonaise" auf, beginnt die nächste Runde.
Nach vier bis fünf Runden ist das Spiel aus.

Karnevalsbilder

Nr. 17 ***Lied:*** *Wir lassen's heute krachen (Instrumental [➔ S. 79])*

Alter: ab 3 Jahren
Material: pro Kind 1 Rhythmusinstrument (z. B. 1 Paar Klangstäbe oder 1 Rassel), 4 Markierungskegel, 1 großes weißes Leintuch, Stoffmalfarben in der Anzahl der Erwachsenen (ggf. mit Glittereffekt), CD-Player und CD; evtl. Reißzwecke

Die Spielleitung markiert ein überschaubares Spielfeld mithilfe von vier Markierungskegeln. In der Spielfeldmitte breitet sie ein großes weißes Leintuch auf dem Boden aus. Für jeden Erwachsenen legt sie eine Stoffmalfarbe neben das Leintuch. Die Kinder sitzen auf dem Spielfeldrand. Jedem der Kinder übergibt sie ein Instrument.
Die Erwachsenen laufen im Takt zur Musik um das Leintuch herum. Die Kinder spielen dazu ihr Instrument im Rhythmus der Musik. Stoppt die Musik, muss sich jeder Erwachsene blitzschnell eine Stoffmalfarbe schnappen und etwas, das zum Karneval passt, aufzeichnen.

Achtung: Nur die Umrandung, also nicht ausmalen! Das kann z. B. ein Clownsgesicht, eine Krone, eine Papiertröte oder eine Trommel sein. Erklingt die Musik erneut, legen die Erwachsenen die Stifte auf ihren Platz zurück und laufen wieder im Takt so lange um das Leintuch herum, bis die Musik stoppt.

Das Spiel ist beendet, sobald die Musik aus ist.

Variante

Die Kinder können die lustigen Zeichnungen rund um den Karneval, die die Erwachsenen angefertigt haben, mit den Stoffmalfarben ganz nach Belieben ausmalen. Das fertige große Bild aus Stoff hängt die Spielleitung mit ein paar Reißnägeln an die Wand. Das steigert die Stimmung noch mehr und die Feier kann umso fröhlicher weitergehen.

Auf der Spur nach Karnevalsartikeln

Alter: ab 3 Jahren
Material: 1 großes blickdichtes Tuch, verschiedene Spielsachen und Karnevalsartikel in vielfacher Ausfertigung, Karnevalsschminke in verschiedenen Farben

Die Spielleitung verteilt auf einem Tisch jede Menge kleine Spielsachen, aber auch Dinge, die typisch für den Karneval sind. Es muss für jedes Kind mindestens ein Karnevalsartikel vorhanden sein. Sie breitet über die Sachen ein großes blickdichtes Tuch aus.

Die Kinder setzen sich um den Tisch herum. Auf ein Kommando der Spielleitung hin greifen alle unter das Tuch, um jeweils einen

Gegenstand hervorzuholen. Den Kindern, die einen gesuchten Gegenstand herausfinden konnten, tupft die Spielleitung einen Schminkpunkt auf die Stirn oder den Handrücken.

Die Kinder legen ihre Sachen wieder unter das Tuch. Sie stehen auf und suchen sich einen neuen Platz am Tisch aus und ertasten von dort aus erneut einen Gegenstand.

Nach fünf bis sechs Spielrunden zählen alle Kinder ihre Schminkpunkte. Wer hat wohl die größte Anzahl an Schminkpunkten?

Variante ab 5 Jahren

Die Spielleitung benennt einen bestimmten Gegenstand, wie z. B. Papiertröte. Auf ein Kommando der Spielleitung hin tasten alle Kinder gleichzeitig unter dem Tuch nach der gesuchten Papiertröte. Wer glaubt, sie in den Händen zu halten, holt diese rasch unter dem Tuch hervor. Stimmt die Vermutung, hat das Kind gewonnen. Andernfalls wartet es ab, bis ein anderes Kind die Papiertröte findet.

In der nächsten Spielrunde dürfen alle Kinder ihr Glück erneut mit etwas Anderem versuchen.

Konfettiregen

Nr. 13 *Lied: Tusch*

Alter: ab 3 Jahren
Material: 24 kleine Karnevalsartikel in zweifacher Ausfertigung (z. B. 2 Papiertröten, 2 Luftballons, 2 Luftschlangen, 2 Pappteller mit Karnevalsmotiven), 1 Tüte Konfetti; evtl. 1 CD-Player und CD

Alle Kinder stehen um einen Tisch herum. Die Spielleitung platziert auf dem Tisch vier bis sechs Karnevalsartikel in doppelter Ausführung und deutet auf einen von ihnen, z. B. einen Luftballon. Das Kind, das glaubt, den identischen, zweiten Luftballon auf dem Tisch zu sehen, patscht mit der flachen Hand darauf. War es der richtige Gegenstand, darf das Kind eine Handvoll Konfetti aus der Tüte nehmen und es mit einem dreifachdonnernden „Helau!" oder „Alaaf!" auf seine Spielkameraden werfen.

Die Spielleitung startet eine neue Spielrunde. Erst, wenn alle Kinder zumindest einmal die anderen mit Konfettis bewerfen konnten, ist das Spiel beendet.

Variante ab 5 Jahren

Im Gegensatz zum o. g. Spiel beschreibt die Spielleitung einen der zwölf Karnevalsartikel mit Worten.

Das Kind, das als Erstes auf den Gegenstand mit der flachen Hand patscht, darf eine Handvoll Konfetti aus der Tüte nehmen und mit einem dreifachdonnernden „Helau!" oder „Alaaf!" auf die Gruppe werfen.

Hinweis: Anstelle der Konfettis kann auch ein Tusch gespielt werden.

Schnapp dir die Luftschlange

Alter: ab 3 Jahren
Material: Luftschlangen, 1 Papiertröte

Alle Kinder sitzen an einem Tisch beisammen. Die Spielleitung pustet eine Luftschlange ordentlich auseinander und reißt für jedes Kind ein ca. 30 cm langes Stück ab.

Alle Kinder mit Ausnahme von einem platzieren ihren Teil der Luftschlange auf dem Tisch und halten dabei ein Ende mit der Hand fest. Sobald die Spielleitung in die Papiertröte bläst, müssen alle Kinder blitzschnell ihre Luftschlangen vom Tisch ziehen. Das Kind, das keine Luftschlange hat, patscht mit der flachen Hand nach einem Luftschlangen-Schnipsel. Erwischt es ihn und zerreißt die Luftschlange, hat es gewonnen. Wenn nicht, darf ein anderes Kind auf Luftschlangen-Jagd gehen.

Spiele für den Abschluss

Viel Spaß hat gemacht, …

🔘 **Nr. 17** *Lied: Wir lassen's heute krachen*
(*Instrumental [→ S. 79])*

Alter: ab 3 Jahren
Material: 1 kleiner Softball, CD-Player und CD

Die Erwachsenen bauen einen Stuhlkreis mit Stühlen in der Anzahl der Gruppe auf. Die

Gruppe steht im Kreis um den Stuhlkreis herum. Die Spielleitung legt einen kleinen Softball unter einen Stuhl.

Zum Rhythmus der Musik hüpfen alle mit geschlossenen Beinen im Uhrzeigersinn im Innenkreis des Stuhlkreises herum. Stoppt die Musik, setzen sich alle rasch auf einen Stuhl. Die Person, die gerade auf dem Stuhl sitzt, unter dem sich der Softball befindet, teilt den anderen mit, was ihr heute besonders gefallen hat, und gibt den Ball dann nach links weiter usw.

Sind alle an der Reihe gewesen, schaltet die Spielleitung wieder die Musik ein. Miteinander hüpfen sie nun so lange vergnügt im Uhrzeigersinn herum, bis die Musik beendet ist.

Applaus, Applaus ...

Alter: ab 3 Jahren
Material: pro Kind 1 Rhythmusinstrument, wie z. B. Rasseln, Holzblocktrommel, Handtrommel

Die Erwachsenen sitzen im Stuhlkreis. Die Kinder verteilen sich im Innenkreis und knien sich auf den Boden.

Die Spielleitung steht in der Kreismitte und verabschiedet die Kinder je nach Kostümierung, z. B.:

„Die Clowns haben uns immer sehr viel Freude gemacht.
Wir haben mit euch viel gemacht und gelacht! Vielen Dank und Tschüss!"

Diejenigen Kinder, die sich als Clowns verkleidet haben, stehen auf und knien sich vor ihren Eltern hin. Alle applaudieren ganz laut. Als Nächstes verabschiedet die Spielleitung z. B. alle Piraten oder Piratinnen. Auf diese Art werden alle Kinder nach und nach verabschiedet.

Hinweis: Bei Kindern, die nicht verkleidet sind oder deren Kostüm nicht so ohne Weiteres klar zu definieren ist, sagt die Spielleitung einfach laut:

„Alle Kinder (oder: Fantasiewesen) haben uns immer sehr viel Freude gemacht.
Wir haben mit euch (oder: dir) vieles gemacht und gelacht. Vielen Dank und Tschüss!"

Die Karnevalsfeier ist aus!

Alter: ab 3 Jahren
Material: ein paar Tüten Konfetti oder pro Person 1 Luftschlange

Die Spielleitung teilt Konfettis und Luftschlangen aus. Sie steht mit den Kindern und deren Eltern und Geschwistern in einem großzügigen Kreis und sagt Folgendes:

„Liebe kleine und große Gäste! Unsere Karnevalsfeier ist nun leider aus.
Mit einem dreifachdonnernden „Helau!"
(oder: „Alaaf!") hören wir auf und gehen dann nach Haus!"

Die Gruppe erwidert den Narrenruf und wirft Konfettis oder pustet Luftschlangen in die Kreismitte. Am Ende wünscht die Spielleitung allen einen guten Heimweg.

Mitmachideen zur Einstimmung auf die Fastenzeit

Am Aschermittwoch ist alles vorbei!

Der Karneval endet in der Nacht zum Aschermittwoch um Punkt 24 Uhr. Je nach Region gibt es nun verschiedene Sitten und Gebräuche. Die Karnevalisten, wie z. B. in Köln, verbrennen eine Strohpuppe, den sogenannten Nubbel, der vor allem für das ausgegebene Geld während der Karnevalszeit verantwortlich ist. Die Karnevalisten können auch den Hoppediz, eine typische Düsseldorfer Narrenfigur zu Grabe tragen und verbrennen. Die schwäbisch-alemannische Fastnacht hingegen endet z. B. damit, dass sich die Karnevalisten heulend am Aschermittwoch am Dorfbrunnen treffen, um ihren leeren Geldbeutel zu waschen und miteinander Heringe zu essen. Es gibt jedoch auch Gegenden, bei denen erst die Fastnacht beginnt, wenn sie woanders längst vorbei ist. Hierzu gehört z. B. die bekannte Basler Fastnacht, die sich auf den Termin der alten Fastnacht bezieht und somit erst am Montagmorgen nach Aschermittwoch um Punkt 4 Uhr mit dem „Morgestraich" beginnt und am Donnerstagmorgen um 4 Uhr mit dem „Endstraich" endet.

Unabhängig von den regional unterschiedlichen Sitten und Gebräuchen beginnt überall mit dem Aschermittwoch die 40-tägige vorösterliche Fastenzeit, die beim genauen Abzählen mehr als 40 Tage beträgt. Im Kindergarten kann der Aschermittwoch ein guter Anlass sein, um gemeinsam mit den Kindern etwas im Alltag ganz bewusst zu verändern und zwar ohne dabei zu sehr auf Sitten und Gebräuche bestimmter Religionen abzuzielen. Vielmehr sollen alle Kinder aller Religionen spielerisch und musikalisch innerlich zur Ruhe kommen und dabei unterschiedliche Möglichkeiten entdecken, die ihnen helfen, sich auf das Wesentliche zu besinnen und Verzicht zu üben. Unter dem Motto „Weniger ist mehr!" werden die Kinder auch ohne viel Zutun zu kritischen Verbrauchern erzogen, sodass sie nicht jeder Verlockung machtlos ausgeliefert sind.

Aschermittwoch

In dem Wort „Aschermittwoch" steckt das Wort „Asche". Es ist der Beginn der Fastenzeit, die für Verzicht, Veränderung und Besinnung steht. Das folgende Spiel hilft den Kindern, sich von der Karnevalszeit zu verabschieden und auf Neues einzulassen.

Alter: ab 3 Jahren
Material: Bauklötze, 4–5 einfarbige Chiffontücher in Rot, Orange oder Gelb, pro Kind eine oder mehrere gebrauchte Luftschlangen, ggf. 1 Feuerschale, ein paar Holzstücke und Papierschnipsel

Die Kinder legen einen Kreis aus Bauklötzen, die eine Feuerstelle darstellen. Die Spielleitung legt ein paar zusammengeknüllte Tücher in die Feuerstelle. Sie symbolisieren das Feuer.
Auf Anweisung der Spielleitung hin holen die Kinder die gebrauchten Luftschlangen. Sie bilden einen großzügigen Kreis um die „Feuerstelle" herum und werfen der Reihe nach ihre Luftschlangen in das imaginäre Feuer. Dabei möchte die Spielleitung von den Kindern wissen, was mit den Luftschlangen im Feuer passiert. *„Die verbrennen!"* oder *„Sie werden zu Asche!"* werden ein paar Kinder sicherlich sofort bemerken. Passend dazu dürfen die Kinder die Luftschlangen in kleine Papierstücke zerreißen, die die Asche darstellen. Die Spielleitung erklärt den Kindern, dass jetzt die Fastenzeit beginnt. Miteinander sollen die Kinder überlegen, auf was sie alles gut verzichten und was sie somit ändern können.

Hinweis: Damit die Kinder wissen, wie Asche entsteht und aussieht, bietet sich eine Feuerschale an, in der die Spielleitung im Außenbereich der Einrichtung im Beisein der Kinder ein paar Holzstücke oder gar Papierschnipsel verbrennt. Dabei muss die Spielleitung die Kinder stets darauf hinweisen, weshalb sie niemals alleine, sondern nur unter Aufsicht eines Erwachsenen ein Feuer machen dürfen.

Adieu Karneval (Fasching)

Alter: ab 3 Jahren
Material: pro Gruppe 1 Eimer, 1 Korb o. Ä: für eine Gruppe genügend Handfeger und Kehrschaufeln; evtl. 1 Sanduhr

Die Spielleitung lässt bewusst nach der Feier alles liegen. Am nächsten Tag teilt sie die Kinder in drei gleich große Putzkolonnen bzw. Gruppen ein und gibt ihnen jeweils einen Eimer oder Korb für das Aufräumen.
Jede „Putzkolonne" erhält eine Aufgabe, wie z. B. alle Luftschlangen einsammeln, Konfettis aufkehren oder einfach die Faschingsbilder abhängen, die mühelos mit den Händen erreichbar sind. Auf ein Kommando der Spielleitung hin laufen alle Kinder los, um ihre Aufgaben zu erfüllen. Die Gruppe, die als Erster alle ihre Sachen einsammeln konnte, ist Sieger.

Variante
Die Spielleitung holt eine Sanduhr, dreht sie um und stellt sie auf den Tisch. Während nun der Sand durchrieselt, müssen alle Kinder gemeinsam sämtliche Faschingssachen im Gruppenraum blitzschnell in die dafür bereitgestellten Eimer und Körbe legen.

Wird die Gruppe die Aufgabe meistern, bevor der ganze Sand durchgerieselt ist? Falls ja, haben sie die Aufgabe besonders gut gemeistert.

Sich an Kleinigkeiten erfreuen

Mithilfe des folgenden Spiels lernen die Kinder, ihr Herz für die kleinen schönen Dinge im Alltag zu öffnen, die man leicht übersehen kann.

Alter: ab 3 Jahren
Material: 1 großes einfarbiges Leintuch (z. B. in Gelb, Hellgrün oder Hellblau)

Die Kinder gehen gemeinsam im Gruppenraum oder in der freien Natur auf Streifzug. Wer findet etwas besonders Schönes? Der Gegenstand muss keinesfalls allen gefallen, sondern den Kindern die Augen für eine Besonderheit des Gegenstands öffnen.
Die Kinder legen ihre Schätze auf ein Leintuch, sodass alle die gesammelten Sachen bewundern können. Sie bilden einen Kreis um das Leintuch herum und zeigen nacheinander ihre gesammelten Gegenstände. Dabei begründen sie kurz ihre Auswahl. Vielleicht ist es die Farbe, die Form oder ein Geruch, die einem Kind besonders gut gefällt. Meist entdecken die Kinder in diesem Zuge auch Gemeinsamkeiten, die ihnen vorher im Verborgenen geblieben sind.

Hinweis: Es empfiehlt sich, das Spiel ein paar Tage hintereinander immer wieder zu wiederholen, um den Kindern bewusst zu machen, dass es viele schöne Dinge in ihrem Alltag gibt, die ihr Leben bereichern.

Ich schenke dir ein Licht

Im Folgenden können die Kinder zur Ruhe und Besinnung kommen und durch das gemeinsame Platzieren von Teelichtern im Reifen ganz nebenbei ein gutes Zugehörigkeits- und Gemeinschaftsgefühl entwickeln.

Alter: ab 3 Jahren
Material: pro Kind und Spielleitung 1 LED-Teelicht, 1 Gymnastikreifen, 4–5 Chiffontücher in den Farben Rot, Orange und Gelb

Die Spielleitung platziert in der Stuhlkreismitte einen Gymnastikreifen, in den sie die ausgebreiteten Chiffontücher verteilt und zwar so, dass der Innenkreis ausgefüllt ist. Die Kinder erhalten von der Spielleitung jeweils ein LED-Teelicht, sodass nichts anbrennen kann.
Die Spielleitung beginnt und schaltet ihr Licht an, das wie ein richtiges Kerzenlicht flackert. Sie sucht sich ein Kind in Gedanken aus und geht zur Kreismitte. Während sie nun ihr Licht auf den Tüchern im Reifen platziert, sagt sie laut:

„Ich schenke Melin (Name eines Kindes) *ein Licht!"*

Sie tauscht mit *„Melin"* (Name des Kindes) den Platz, das sein Teelicht ebenfalls in der Mitte abstellt und das nächste Kind auswählt. Stehen alle Teelichter im Reifen, halten alle andächtig inne und schauen sich die brennenden Teelichter an.

Es gibt Dinge

Text und **Musik:** *Anke Drape*

Strophe

1. An man-chen Ta-gen wär ich ger-ne mal ein Ur-zeit-mensch. Ich hät-te

ei-ne Höh-le tief im Wald, die kei-ner kennt. Kein Strom, kein Licht, kein Geld, doch

das ist gar nicht schlimm. Denn das, was wirk-lich zählt, steckt in mir drin.

Refrain

Es gibt Din-ge, auf die kann ich ver-zich-ten. Es gibt Din-ge, die

brauch ich nicht. Es gibt Din-ge, auf die kann ich ver-zich-ten.

Es gibt Din-ge, ja, die brauch ich nicht, ja, die brauch ich nicht.

Die Gruppe bildet einen großzügigen Kreis und singt und bewegt sich zum folgenden Lied:

1. An manchen Tagen wär ich gerne mal ein Urzeitmensch. Ich hätte eine Höhle tief im Wald, die keiner kennt. Kein Strom, kein Licht, kein Geld, doch das ist gar nicht schlimm. Denn das, was wirklich zählt, steckt in mir drin.

Im Takt auf sich selbst deuten.

Hände bilden ein Dach über dem Kopf, in die Hocke gehen.
Aufstehen, im Takt den Kopf schütteln, Daumen und Zeigefinger aneinander-reiben (Geste für Geld).
Auf die linke Brust deuten.

Refrain:

Es gibt Dinge, auf die kann ich verzichten.

Es gibt Dinge, die brauch ich nicht.

Es gibt Dinge, auf die kann ich verzichten.

Es gibt Dinge, ja, die brauch ich nicht, ja, die brauch ich nicht.

Handflächen zeigen, Finger zappeln lassen.
Mit dem Zeigefinger auf sich selbst deuten.
Weiter auf sich selbst deuten.

Im Takt Kopf schütteln.

2. An manchen Tagen wär ich gerne mal ein Pinguin.

Ich hätte keine schicke Kleidung, ich wär immer schön.

Das Auto lass ich stehen, denn ich bin gut zu Fuß.

Und allen meinen Freunden schick ich diesen Gruß.

Arme nach unten strecken, Handflächen seitlich ausstrecken.
Im Takt auf sich selbst deuten.

Auf der Stelle gehen.

Flache rechte Hand auf die linke Brust legen, linken Arm zur Seite ausstrecken.

(Refrain: s. o.)

3. An manchen Tagen wär ich gerne mal ein Schmetterling.

Ich könnte fliegen und die Welt einmal von oben sehen.

Und alles, was hier sonst so groß und wichtig ist, verschwindet und ich merke, ich brauch es nicht.

Flugbewegungen machen.

Arme nach oben strecken, seitlich nach unten führen.
Arme nach oben strecken, Arme nach unten führen, hinter dem Rücken verschwinden lassen.

(Refrain: s. o.)

Jawohl! Das finde ich gut!

Alter: ab 4 Jahren

Die Kinder sitzen im Stuhlkreis beisammen. Die Spielleitung zählt wahllos ein paar Dinge auf, die entweder gut zu gebrauchen sind oder auf die auf jeden Fall verzichtet werden kann. Immer, wenn die Kinder glauben, dass es sich um etwas handelt, auf das sie gut verzichten können, bleiben sie sitzen. Ansonsten springen sie kurz auf und reißen vor Freude ihre Arme in die Luft. Die Spielleitung bespricht mit den Kindern, wie sie darüber denkt.

Am Ende dürfen die Kinder noch weitere Dinge, wie z. B. schlafen, essen und spielen, aufzählen, auf die sie keinesfalls verzichten wollen oder können.

Beispiele:

✳ **Auf was man gut verzichten kann:** Fernsehen, Computerspiele, Süßigkeiten, Streit, Hänseleien und Wutausbrüche

✳ **Auf was man nicht verzichten kann:** Freunde, Essen & Trinken, frische Luft, Wald & Wiese, Spielspaß

Massage zur Winterruhezeit

Die Winterruhe des Eichhörnchens aus der Massagegeschichte steht hier symbolisch für die Ruhe in der Fastenzeit. Durch die sanfte Massage spüren die Kinder dieser Ruhe nach, nehmen ihren eigenen Körper bewusst wahr und entspannen sich.

Alter: ab 4 Jahren
Material: für je zwei Kinder 1 Isomatte oder Decke, 1 Klangschale

Immer zwei Kinder holen sich eine Matte. Bei einer ungeraden Kinderanzahl macht die Spielleitung einfach mit. Eines von beiden legt sich mit dem Bauch auf die Matte und schließt seine Augen. Das andere Kind kniet sich daneben. Während die Spielleitung den Text laut und deutlich vorliest, massiert das kniende Kind den Rücken des anderen Kindes passend zum Text:

Im bunten Herbstwald wird es allmählich sehr kalt. Das Eichhörnchen sammelt viele Nüsse im Wald.	Mit dem Zeige- und Mittelfinger auf dem Rücken spazieren gehen.
Es versteckt sich und legt sich zu Ruh. Pst! Hört jetzt mal alle gut zu.	Schnarchen nachahmen.
Im Winter steht es auf und holt eine Nuss. Dann ist mit dem Herumtollen wieder Schluss.	Flache Hand kreisförmig über den Rücken fahren lassen, mit dem Zeige- und Mittelfinger spazieren gehen und wieder kreisförmig über den Rücken fahren.
Es ist so wie nach der fünften Jahreszeit. Sie ist ruhig und besinnlich die Fastenzeit.	Mit der flachen Hand weiter kreisförmig über den Rücken fahren.
Im Frühling sieht alles schon ganz anders aus. Wir kommen öfters aus unserem Haus heraus.	Mit dem Zeige- und Mittelfinger auf dem Rücken spazieren gehen.
Auch das Eichhörnchen ist wieder öfters zu sehen. Die Sonne scheint. Wir wollen ins Freie gehen.	Mit dem Zeige- und Mittelfinger auf dem Rücken spazieren gehen, bis die Spielleitung die Klangschale anschlägt. Die Kinder streicheln dem liegenden Kind sanft über den Kopf.

Ist der Klang verklungen, öffnen die Kinder, die auf den Matten liegen, ihre Augen. Sie bilden Fäuste, recken und strecken sich ausgiebig und stehen schließlich über die Seitenlage auf.
Es findet ein Rollenwechsel statt und das zweite Kind kommt in den Genuss der Streichelmassage.

Vorsätze für ein gutes Miteinander

Die Fastenzeit als Zeit der Besinnung auf das Wesentliche eignet sich auch hervorragend dazu, sich Gedanken zu machen, was man selbst zu einem guten Miteinander beitragen kann.

Alter: ab 4 Jahren
Material: 1 Rundtau oder 1 Wollfaden (ca. 5 m lang)

Die Kinder knien vor einem Rundtau, das weder einen Anfang noch ein Ende hat, auf dem Boden. Sollte ein solches Rundtau nicht vorhanden sein, verknotet die Spielleitung einen langen Wollfaden, den sie dann kreisförmig auf den Boden anordnet. Ein beliebiges Kind beginnt und sagt z. B.:

„Ich will nicht mehr so viel mit anderen Kindern streiten!"

Es steht auf, fasst das Rundtau mit beiden Händen an und übergibt so das Wort seinem linken Nachbarskind. Es sagt z. B.:

„Ich will keine Schimpfwörter mehr sagen!"

Steht auf und hält sich ebenfalls am Rundtau fest. Halten alle Kinder das Rundtau in den Händen, gehen sie miteinander im Uhrzeigersinn herum und sagen laut:

„Wir sind gute Freunde! Und das nicht nur heute!"

Fühl mal meinen Stein

Es gibt unzählig viele Steine, die im Alltag kaum wahrgenommen werden. Damit jedoch die Kinder ihren Blick für die kleinen Dinge im Alltag schärfen und diese wieder wertschätzen lernen, eignet sich folgendes Spiel.

Alter: ab 5 Jahren
Material: pro Kind 1 Speckstein, 1 Klangschale

Die Kinder sitzen im Stuhlkreis beisammen. Sie erhalten von der Spielleitung jeweils einen Speckstein. Die Spielleitung holt sich eine Klangschale und kniet sich in der Kreismitte nieder.
Die Kinder schließen ihre Augen. Während die Spielleitung die Klangschale anschlägt, streicheln die Kinder sanft über ihre Steine. Ist der Klang verklungen, geben sie ihre Steine ihrem

linken Nachbarn. Erst, wenn alle Kinder wieder einen Stein in den Händen halten, schlägt die Spielleitung erneut die Klangschale an.

Auf diese Weise geht das Spiel immer weiter, bis jedes Kind wieder seinen ursprünglichen Stein in den Händen hält. Die Kinder ordnen nun der Reihe nach ihre Steine kreisförmig in der Kreismitte an.

Die Kinder bilden einen geschlossenen Kreis und gehen um den Kreis aus Steinen einmal im Uhrzeigersinn herum. Dabei betrachten sie die einzelnen Steine, die so wie sie selbst einzigartig sind und dennoch durch die Anordnung einen in sich geschlossenen Kreis bilden.

Ich mag draußen …

Das Spiel verläuft so ähnlich wie das altbekannte Spiel „Koffer packen". Es werden jedoch keine Kleidungsstücke, sondern Freizeitaktivitäten, die im Freien durchgeführt werden können, gesammelt. Die Kinder können sich so ganz bewusst vergegenwärtigen, wie sie sich am liebsten im Freien beschäftigen.

Alter: ab 5 Jahren

Die Kinder sitzen im Stuhlkreis. Ein beliebiges Kind beginnt und sagt:

„Ich mag draußen Fußball spielen"

Das Kind, das links neben ihm sitzt, fügt eine neue Tätigkeit hinzu und sagt z. B.:

„Du magst draußen Fußball spielen und ich Fahrrad fahren!"

Es folgt das dritte Kind:

„Ihr mögt draußen Fußball spielen und Fahrrad fahren und ich Seil springen!"

Und so weiter. Sind alle Kinder einmal an der Reihe gewesen, endet das Spiel.

Hinweis: Fällt einem Kind keine neue Aktivität mehr ein oder kann es sich an die Aktivitäten der anderen Kinder nicht erinnern und sie nicht aufzählen, darf die Gruppe behilflich sein.

Variante ab 3 Jahren
Die Kinder teilen der Reihe nach mit, was ihnen heute draußen besonders viel Spaß gemacht hat.

Dinge, die ich nicht brauche

Alter: ab 5 Jahren
Material: 1 Softball, 1 Sanduhr (3 Minuten)

Die Kinder bilden einen Kreis. Die Spielleitung dreht in der Kreismitte die Sanduhr um. Ein beliebiges Kind erhält von der Spielleitung einen Ball und somit das Wort. Es überlegt sich etwas, auf das es gut verzichten kann, z. B.:

„Ich brauche keinen Streit!"

Es wirft den Ball irgendeinem anderen Kind zu, das z. B. sagt:

„Ich mag nicht, wenn mich ein Kind ärgert!"

Das nächste Kind erhält den Ball und setzt das

Spiel fort usw. Ist die Sanduhr abgelaufen, endet das Spiel. Auf was können die Kinder wohl alles verzichten?

Die Kinder wiederholen das Spiel, um sich noch mehr Gedanken über das bewusste Verzichten zu machen. Hierfür haben sie wieder drei Minuten Zeit.

Ich brauch keine Schokolade!

Alter: ab 5 Jahren
Material: naturgetreue Lebensmittel aus Plastik oder Holz aus dem Kaufmannsladen, Korb

Die Kinder platzieren jede Menge Spielzeug-Lebensmittel aus dem Kaufmannsladen auf einem Tisch.

Miteinander sortieren sie der Reihe nach Süßigkeiten, Pommes frites & Co. aus, die ungesund sind und dick machen. Diese „Lebensmittel" legen sie in einen Korb hinein. Alle gesunden „Lebensmittel" kommen wieder in den Kaufmannsladen zurück. Auf diese Weise erkennen sie spielerisch, welche „Lebensmittel" fit, gesund und leistungsfähig machen, und verzichten zudem eine Zeit lang auf die ungesunden Dickmacher.

Was mein Herz erfüllt

Alter: ab 5 Jahren
Material: pro Kind 1 weißes A3-Papierblatt, Wachsmalstifte

Jedes Kind setzt sich an einen Tisch und malt eine Freizeitaktivität auf ein Blatt Papier, die es

gerne mit seinen Freunden in der freien Natur macht, z. B. eine Sandburg im Sandkasten bauen oder ein Fang- oder Ballspiel spielen.

Im Stuhlkreis stellen die Kinder der Reihe nach ihre Bilder vor und begründen kurz ihre Auswahl. Sie legen alle Bilder direkt vor ihre Füße. Miteinander gehen sie einmal links im Innenkreis herum, um die einzelnen Bilder noch einmal zu bewundern.

Sitzen alle Kinder wieder auf ihren Stühlen, fordert die Spielleitung die Kinder auf, darüber nachzudenken, ob sie sich wirklich restlos glücklich fühlen, wenn sie z. B. mehrere Stunden am Tag Fernsehen, Computerspielen oder Ähnliches dürfen? Oder ob es nicht das gemeinsame Spielen und Aktiv-Sein ist, was ihr Herz erfüllt? Die Kinder tauschen sich untereinander aus. Meist kommen die Kinder dann von ganz alleine darauf, dass Erfahrungen aus erster Hand auf Dauer viel schöner und wesentlich erlebnisreicher sind, als alle virtuellen Welten.

Spielen ohne Spielzeug

Alter: ab 5 Jahren
Material: Natur- und Alltagsgegenstände

Die Spielleitung teilt den Kindern im Stuhlkreis mit, dass man auch ohne Spielsachen gut miteinander spielen kann. Anstelle von Spielsachen können andere Sachen verwendet werden, wie z. B. Natur- und Alltagsmaterialien. Die Kinder gehen sowohl drinnen als auch draußen auf Entdeckungstour.

Miteinander sammeln sie ein paar Dinge, die sie schließlich in die Stuhlkreismitte legen. Die Kinder suchen sich der Reihe nach ein paar

Dinge aus, mit denen sie entweder alleine, zu zweit oder gar in einer Kleingruppe spielen. Am Ende treffen sie sich wieder im Stuhlkreis, um ihre gesammelten Erfahrungen und Erlebnisse auszutauschen.

Verzicht üben

Alter: ab 5 Jahren

Die Kinder sitzen im Stuhlkreis beisammen. Die Spielleitung benennt drei Situationen, wie z. B. stundenlang Computer spielen, jede Menge Süßigkeiten essen oder mit den anderen Kindern lautstark streiten, die so manches Kind kennt und auf die man eigentlich gut verzichten könnte.

Die Kinder überlegen sich, auf welche der genannten Aktivitäten sie heute mal möglichst den ganzen Tag freiwillig verzichten möchten, und stehen beim Genannten kurz auf.

Am nächsten Tag bilden die Kinder wieder einen Stuhlkreis. Die Spielleitung benennt die Dinge noch einmal und möchte wissen, wer von den Kindern seinen guten Vorsatz eingehalten hat und Verzicht geübt hat. Vielleicht haben es manche Kinder geschafft, die Zeit vor dem Computer zu reduzieren, weniger Süßigkeiten zu essen oder sich nicht ganz so heftig mit den Geschwisterkindern zu streiten. Das allein ist schon lobenswert. Vielleicht gibt es auch Kinder, die ganz auf den Computer, Süßigkeiten oder Streitereien verzichten konnten.

Ist es manchen Kindern schwer gefallen, auf etwas zu verzichten, dann überlegen alle gemeinsam, welche Gründe es wohl gegeben hat, die die Kinder daran gehindert haben: z. B. die Geschwister haben Computer gespielt, sodass das Kind auch Lust bekommen hat; es gab eine Geburtstagsfeier mit jede Menge Naschereien, auf die ein Kind nicht verzichten wollte; oder es gab vielleicht Streit um ein begehrtes Spielzeug.

Durch die Auseinandersetzung mit dem Thema „Verzicht" merken die Kinder, dass es nicht immer leicht ist, Verzicht zu üben. Dennoch werden sie ermutigt, es immer wieder zu versuchen.

Hinweis: Wird das Spiel an mehreren Tagen wiederholt, haben sicherlich alle Kinder mal ein tolles Erfolgserlebnis.

Anhang

Register

60-Sekunden-Deko   35

Adieu Karneval (Fasching)   99
Applaus, Applaus   97
Aschermittwoch   99
Auf der Bühne (Mitmachlied)   67
Auf der Spur nach Karnevalsartikeln . .   95
Auf die Krone, fertig los!   18
Auf Elefantenfährte   91

Ballons mit Fingerabdrücken   21
BauchrednerIn   76
Begrüßung mit Ball   86
Bist du ein Clown?   42
„Bye bye, Gespenst!"   60

Chiffonzarte Tuchkostüme   9
Clown mit Luftballon   24
Clownerie mit Luftschlangen   24
Clownsgesichter legen   49

Das Kinderprinzenpaar   65
Das Lied der Tiere (Mitmachlied)   26
Der Sport-Fasching ist aus!   60
Des Kaisers neues Karnevalskostüm . . .   10
Die Faschingsfeier ist nun aus!
  (Fingerspiel)   30
Die Karnevalsfeier ist aus!   97
Die Polonaise (Mitmachlied)   92
Dinge, die ich nicht brauche   105

Einmarsch des Kinderelferrats
  und Kinderprinzenpaars   66
Es gibt Dinge (Mitmachlied)   101

Farbenfrohe Fenstergesichter   33
Faschings-Bewegungsbaustelle   51
Faschingszeit (Mitmachlied)   35
Fliegender Abschied   46
Flummi-Quatsch   89
Flummi-Song (Mitmachlied)   87
Flummi-Stopp   90
Fühl mal meinen Stein   104

Getüpfelte Konfetti-Einladung   20
Girlanden aus Papierhüten   33
Großer Adler, Donner und weißer Blitz .   42

Hallo, Kinder, kommt herein
  (Mitmachlied)   22
Helau! (oder Alaaf!)   86
Hüpf-Wettrennen   58
Hüpfball-Kids   75

Ich brauch keine Schokolade!   106
Ich mag draußen …   105
Ich schenke dir ein Licht   100
Im Zaubertunnel   71
In der Kinderbütt   73
Indianerstirnband, Hasenohren & Co. . .   9

Jawohl! Das finde ich gut!   102

Karneval der Kuscheltiere 85

Karnevalsbilder. 94

Karnevals-Modenschau 38

Karnevals-Sportkids 74

Karnevals-Tisch 85

Karnevalsmützen-Einladung. 62

Karnevalsorden 65

Kinder-Büttenfass. 66

Kinderprinzenpaar 69

Kleiderbasar. 17

Konfettiregen 95

Kostüme des Kinderelferrats 64

Kostümidee auf Trommelschlag 11

Kostümstaffel im Kreis 18

Kunterbunte Tupfgesichter. 14

Luftballon-Clowns als Einladung 32

Luftballons, Tücher & Co. 45

Luftschlangen-Alarm. 90

Luftschlangenbilder. 21

Luftschlangen-Clownerie 74

Luftschlangen-Einladung 84

Luftschlangen-Mobile 64

Luftschlangenregen 25

Lustige Schnappschüsse 59

Manege frei für Luftballons 44

Maskenball. 15

Massage zur Winterruhezeit 103

Max, der kleine Floh (Fingerspiel). . . . 29

Mein rechtes Pferd ist frei 41

Munteres Kostümeraten 43

Papierschnipsel-Hüte 33

Papierschnipsel, Konfetti & Co. 21

Pappteller-Gesichter 85

Piraten (Mitmachlied) 56

Piraten auf hoher See 58

Piratenschiff. 49

Polonaise mit viel Radau 94

Riesenbonbons. 63

Ruck, zuck ins Kostüm 17

Ruck, zuck zum Pirat & Co.
   (Mitmachlied) 7

Schaukel, kleiner Faschingsbär! 29

Schmink mir ein Clownsgesicht 13

Schnapp dir die Luftschlange. 96

Sich an Kleinigkeiten erfreuen 100

Spielen ohne Spielzeug 106

Spinnenhut & Fußballtrikot 12

Sport-Detektive 54

Sport-Fasching-Einladungskarte 48

Sportgeräte-Musikstopp 55

Tiere auf der Bühne. 72

Tierischer Luftballon-Transport 44

Tschüss, Hexe!. 46

Überraschungsgesichter 11

Verzicht üben 107

Viel Spaß hat gemacht, ... 96

Vorsätze für ein gutes Miteinander . . . 104

Was mein Herz erfüllt 106

Wer ist das Gespenst?. 16

Wie turnen Prinzessinnen? 55

Wilder Indianer-Ritt. 41

Willkommens-Banner 63

Wir lassen's heute krachen
   (Mitmachlied) 79

Wir sind Indianer (Mitmachlied) 39

Wir spielen Indianer 73

Wir wollen uns bewegen (Mitmachlied) . 52

Wo ist die Papiertröte? 43

Wunderkissen 29

Die Autorin

Andrea Erkert bietet seit über 20 Jahren praxisnahe Fortbildungen und Elternabende in Kindergärten und Schulen u. a. zu den Themen Entspannung, Bewegung und Rollenspiele im In- und Ausland an. Die in Waiblingen geborene Autorin, Erzieherin, Entspannungspädagogin und Fachlehrerin einer Grundschulförderklasse verfügt über mehrjährige Berufserfahrung als Leiterin eines 5-gruppigen Kindergartens. Sie hat bereits über 60 spielpädagogische Bücher veröffentlicht und zahlreiche Artikel für diverse Fachzeitschriften geschrieben. Im Ökotopia Verlag sind von ihr u. a. „Das Stuhlkreisspiele Buch", „Kinderleichte Ruheerlebnisse" und „Zauberhafte Mini-Musicals" erschienen.

Anfragen für ganz- oder halbtägige Seminarveranstaltungen und Elternabende bitte richten an:

Andrea Erkert
E-Mail: **andrea.erkert_
florida-sun@t-online.de**
Tel.: (0 71 91) 90 83 57
Mobil: (01 73) 3 96 71 62

Die Liedermacherin

Anke Drape, geb. 1979 in Darmstadt, lebt mit ihrem Mann und ihren drei Kindern in Oberursel und arbeitet als Liedermacherin, Texterin und Trainerin im Kinder- und Jugendsport.

2012 erhielt sie für ihre CD „Flummibande" eine tolle Bewertung vom Kinderradiosender Kakadu. Zitat: *„Diese CD ist richtig gut!"*

2013 gewann sie mit ihrer CD „Jedes Kind hat einen Namen" den Deutschen Rock & Pop Preis in der Kategorie „Bestes Kinderliederalbum".
Zudem leitet Anke Drape den Kindergottesdienst „Abenteuerland" in ihrer Gemeinde und schreibt christliche Lieder und Theaterstücke.

Kontakt

Anke Drape
Tel.: (01 71) 3 30 65 92
Homepage: www.Drape-Kindermusik.de

Die Illustratorin

Tatiana Demidova, geboren in Sankt-Petersburg, studierte an der dortigen Kunstakademie Buchkunst und Malerei. Anschließend machte sie eine Ausbildung als Trickfilmkunstmalerin und arbeitete im Bereich Trickfilm beim Studio „Animation Magic" in Sankt-Petersburg und Boston (USA). Seit 1998 lebt sie in Berlin, wo sie 1998–2003 bei der ZDF-Kindersendung „Siebenstein" als Trickfilmkunstmalerin arbeitete. Heute ist sie als freie Illustratorin für verschiedene Verlage tätig.

Weitere Informationen finden sie in ihrem Portfolio der Illustratoren Organisation e. V.: www.io/home.org

Jeden Tag wachsen

DAZU PASST DIE CD

Neue Gute-Laune-Hits für die 5. Jahreszeit

Anke Drape

KOSTÜMFEST & KONFETTITANZ

Da kann Ihre Karnevals- oder Faschingsparty noch so gut geplant sein … ohne fetzige Musik ist der Spaß nur halb so groß! Mit zwölf lustigen Ohrwürmern bietet die Gewinnerin des deutschen Rock und Pop Preises Anke Drape („Bestes Kinderlieder-Album") für die kleinen und großen Jecken jetzt Stimmung pur! Hier schwingen Cowboys ihre Lassos, liebliche Prinzessinnen küssen den Frosch und der Luftschlangentanz oder die Polonäse sind absolute Kracher auf jeder Verkleidungsparty. Die Kinder halten kleine Büttenreden oder möchten etwas vorführen? Hier bietet der Tusch eine witzige Untermalung jeder karnevalistischen Aktion.

Ideal als musikalische Ergänzung zum gleichnamigen Buch aber auch solo sofort einsatzbereit!

ISBN (CD) 978-3-86702-331-3

Bleiben Sie in Kontakt

ökotopia

Jeden Tag wachsen

Johnny Lamprecht
TROMMELZAUBER
Kinder lernen trommeln und erleben Afrika mit Liedern, Rhythmen, Tänzen, Geschichten und Spielen

ISBN (Buch) 978-3-936286-86-1
ISBN (Doppel-CD) 978-3-936286-87-8

Elke Gulden, Bettina Scheer
SINGZWERGE & KRABBELMÄUSE
Frühkindliche Entwicklung musikalisch fördern mit Liedern, Reimen, Bewegungs- und Tanzspielen für zu Hause, für Eltern-Kind-Gruppen, Musikgarten und Krippen

ISBN (Buch) 978-3-936286-36-6
ISBN (CD) 978-3-936286-37-3

Johnny Lamprecht
AFRIKA BEWEGT UNS
mit Bewegungsspielen, Spielliedern und Tänzen für Kinder

ISBN (Buch) 978-3-86702-084-8
ISBN (Doppel-CD) 978-3-86702-085-5

Wolfgang Hering
AQUAKA DELLA OMA
88 alte und neue Klatsch- und Klanggeschichten

ISBN (Buch) 978-3-931902-30-8
ISBN (CD) 978-3-931902-31-5

Gertraud Mayrhofer
ICH SCHENK DIR EINEN TANZ
Ein tanzpädagogisches Erlebnisbuch für Kiga und Grundschule

ISBN (Buch inkl. CD) 978-3-86702-229-3

Wolfgang Hering
DAS KLANGGESCHICHTEN-BUCH
Mit Stimme, Geräuschen und Instrumenten Geschichten erzählen

ISBN 978-3-86702-350-4

Susanne Steffe
MINI-SHOWS FÜR ZIRKUSKINDER
12 schnell umsetzbare Zirkus-Programme für die nächste Aufführung in Kiga & Grundschule

ISBN (Buch) 978-3-86702-237-8
ISBN (CD) 978-3-86702-238-5

Dorle Ferber, Hartmut E. Höfele, Susanne Steffe
KINDERLEICHTE KLIMPER-LIEDER
So einfach begleiten Erzieherinnen neue und populäre Kita-Lieder mit Glockenspiel, Gitarre, Handtrommel & Co.

ISBN (Buch inkl. CD) 978-3-86702-313-9

Bleiben Sie in Kontakt
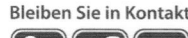

www.oekotopia-verlag.de